校本研修：
理论、实践、操作

XIAOBEN YANXIU:
LILUN SHIJIAN CAOZUO

龚孝华 编著

中山大学出版社
SUN YAT-SEN UNIVERSITY PRESS

·广州·

版权所有　翻印必究

图书在版编目（CIP）数据

校本研修：理论、实践、操作／龚孝华编著. -- 广州：中山大学出版社，2024.12. -- ISBN 978-7-306-08309-8

Ⅰ. G635.12

中国国家版本馆 CIP 数据核字第 2024XB0751 号

XIAOBEN YANXIU：LILUN　SHIJIAN　CAOZUO

出 版 人：	王天琪
策划编辑：	张　蕊
责任编辑：	赵琳倩
封面设计：	曾　婷
责任校对：	孙碧涵
责任技编：	靳晓虹

出版发行：中山大学出版社
电　　话：编辑部 020-84111997，84111996，84110283，84113349
　　　　　发行部 020-84111998，84111981，84111160
地　　址：广州市新港西路 135 号
邮　　编：510275　　传　　真：020-84036565
网　　址：http://www.zsup.com.cn　E-mail：zdcbs@mail.sysu.edu.cn
印 刷 者：广州市友盛彩印有限公司
规　　格：787mm×1092mm　1/16　8 印张　153 千字
版次印次：2024 年 12 月第 1 版　2024 年 12 月第 1 次印刷
定　　价：36.00 元

如发现本书因印装质量影响阅读，请与出版社发行部联系调换

目　　录

第一篇　校本研修的基本理论研究

促进学校变革的校本培训模式研究
　　——以康涅狄格州韦斯顿高中差异化教学改革为例 ………… 龚孝华（2）
学习型组织视域下的名师工作室建设与实施策略 ………………… 齐　爽（8）

第二篇　区域校本研修

大数据背景下高校—地方共建教师教育实验区的挑战、策略与展望
　　…………………………………………… 于　慧　吴开华　龚孝华（20）
基于教师能力提升的区域中小学校本培训支持机制的研究 …… 李丹青（27）
基于SPOC支持下区域教学平台的建设与实践报告
　　——以佛山市高明区中小学实践为例 ………………………… 赵建初（37）
校本培训中的教师"自我导向"学习行为的研究
　　——基于珠海市校本教师培训的实证研究 …………………… 蓝　晖（45）

第三篇　学校校本研修模式

循证取向的"主题·驱动"校本培训模式研究 ………………… 黄肖慧（52）
指向教师课程实施力的校本培训路径研究 ……………………… 陈雁玲（65）
指向新建学校发展的校本教师培训实践探索与模式研究 ……… 黎　虹（71）
新时代教师培训管理者的价值与使命 …………………………… 蓝　晖（77）

第四篇　学校学科校本研修模式研究

明确区别，把握重点
　　——中学语文学科如何设计学历案 …………………………… 刘克艳（88）
小学数学主题式研修的主题选择与研修路径研究 ……………… 程　彦（100）
立德树人任务下模块（单元）整体教学设计策略
　　——以外研版七年级上册 Starter Module 1 和 Module 2 为例
　　………………………………………………………………… 赖心玲（109）
PBL理念下的小学科学教师培训模式设计与实践研究 ………… 许广玲（117）

第一篇 校本研修的基本理论研究

促进学校变革的校本培训模式研究

——以康涅狄格州韦斯顿高中差异化教学改革为例

广东第二师范学院 龚孝华

学校变革已经涉及办学理念、课程建设、课堂教学、特色打造等各个领域，相关研究也已得出诸多判断，譬如办学理念改变，学校就会改变；课程改变，学校就会改变；课堂改变，学校就会改变；但办学理念、课程、课堂如何才能改变，最重要的因素还是教师。如果教师没有改变，任何一种变革几乎都无法进行，教师是学校变革取得成功的决定性因素。如何通过教师改变推动学校变革，是一个值得研究的问题。美国康涅狄格州（简称康州）韦斯顿高中（Weston High School）通过卓有成效的校本培训，促进每一位教师获得高质量的专业发展，推动差异化教学改革的做法，值得研究和借鉴。

一、校本培训成为促进学校变革的内在动力

从推动学校的变革动力来看，可以分为外在力量推动的变革和学校自我力量推动的变革。外在力量推动的变革，一般是贯彻上级行政要求和满足社会需求，其推动机制多为执行命令式行政推动机制；学校自我力量推动的变革，是从学校使命和目标出发，通过凝聚学校内部力量，激发教师的变革意愿和创造性变革实践进行推动。内部推动的重要力量是学校教师，如何"突显'教育变革主体的状态和积极力量的激发、聚集、现实化，是教育变革取得成功的决定性因素'"[①] 韦斯顿高中建立的以学校发展目标为导向，以差异化教学变革为重点，以校本培训为动力，以实现学生多元化发展为标准的学校变革机制，是一种基于校本培训的内部推动机制。在这一机制中，校本培训成为推动学校变革的动力。

韦斯顿高中是全美最好的高中之一，是康州唯一一所绿丝带学校，学校的办学目标是提供一个安全和充满智力挑战的环境，使学生能够成为创新的思考者、创造性问题的解决者和受启发的学习者，为全球社会做出贡献。为实现学校目标，学校需要确保所有学生都能通过获得平等的教学来满足多样化的学习需求，从而不断进步；同时，通过系统化的社会情感教育，使学生更好地应对

---

① 张向众、叶澜：《"新基础教育"研究手册》，福建教育出版社2015年版，第21页。

高中和大学的挑战。为此，学校引入差异化教学改革，通过实施差异化教学，满足学生多样化的发展需求。同时，学校开展校本培训，提高教师对差异化教学改革的认同度和执行力，促进差异化教学改革的有效实施。

在这一机制中，校本培训的主体力量是学校校长、各个学科的学术教练和全体教师。校长率先垂范、打造学术教练、坚持集中研修和过程研修相结合，是建立校本培训动力机制的三个基本要求。第一，韦斯顿高中校长是康州锐意改革的名校长，在当地具有很大的影响力，在推动学校发展上有很强的改革意愿和能力。校长根据学校多元化的培养目标，引入差异化教学理论，组织全校教师开展集中研修，推动教师制订全校性学校变革行动计划。第二，学术教练是学校推动变革和校本培训的重要力量。学术教练相当于国内的教研组长，但是职能又稍有不同，部分学术教练会负责一些课程，一些学术教练是专职的，不负责课程。担任这些职务的一般是本校资格较老、学术上有威望的教师。主要职责是：开展本专业教师的专题培训工作；指导本学科教师专业发展和日常教学工作；指导学科教师设计教学计划；保障教学质量的提升；协调学科教学与学校领导层之间的关系；等等。这种以学术教练为核心的教师培训，教练作为桥梁和纽带，可以加强培训的针对性和有效性，减少盲目性，能够更有效地落实学校改革，有助于提高教师培训的效率。第三，校本培训坚持集中研修和过程研修相结合。主要的校本培训方式包括：①开展全校范围的集中研修。学校利用开学前3天时间，集中全校教师开展集中研修，研讨差异化教学，制订差异化教学行动计划（《2019—2020年行动计划》）；②开展过程性学科研修。为保障差异化教学目标能够在学科教学上得到有效实施，各学科制订学科差异化教学目标和行动策略，每周安排一个下午，分学科进行过程性研修，推进各个学科（数学、英语、科学、历史、世界语言、音乐、艺术、体育教育与健康、技术）的差异化教学改革；③开展教师评价。通过评价引领和推动每一位教师开展教学变革，提高校本培训的针对性和实效性，保障差异化教学改革目标的实现。

二、集中研修以学校变革为主题，重在形成统一认识，制订学校变革行动计划

根据康州教师培训的相关规定，学校在每学期开学前集中3～4天时间，开展全校性的专题培训，培训内容围绕学校发展目标和变革重点，形成改革共识，制订全校性的行动计划。韦斯顿高中的集中培训，首先是组织全校教师共同阅读卡罗尔·安·汤姆林森著的《差异化教学研究》，并组织全校教师参与围绕差异化教学的跨学科对话；在充分讨论的基础上，研讨制订差异化教学行动计划（《2019—2020年行动计划》）。

（一）认识差异化教学的意义

通过讨论，明确差异化教学的意义。不管学生能力如何，每个学生都有独立需求，每个学生都有平等获得高质量教育的机会。对每一个学生的发展负责是教师必须承担的责任，教师需要做的是改进工作方法，为学生创造最大的成长空间。

（二）明确差异化内涵

通过讨论，明确差异化教学的内涵，差异化教学包括内容差异化、过程差异化、结果差异化。①内容差异化，如数学学科实施分层课程，让学生根据特定的内容学习目标进行预先评价，然后在协作小组中根据他们的理解水平制作问题集。②过程差异化，如数学和世界语言，教师使用视频课程，便于学生预览内容，为下次课程做准备，这些视频也可以在之后的单元中作为学生准备评价的复习材料。③结果差异化，学生在展示他们的作品时有选择权。其中一些选择包括书面作品、口头陈述，或者使用技术创建一个可视化或多媒体演示。

（三）做出承诺，制订行动计划

提供专业发展研讨会，支持所有教师设定专业目标，有针对性地衡量学生成绩，并采取与差异化策略相关的行动。教师可以与课程合作伙伴会面，根据第一个教学单元，选择可以更好区分的课程/学习活动。收集更多教师可以尝试的策略，并承诺至少测试一个策略。同时，制订行动计划，加强行政团队、课程教学领导和教师之间的协作。为了确保学生的成绩以及实现学校的具体目标，教师需要根据学生的表现不断反思和修改自己的教学实践计划。教师的集体承诺是对每一个学生、每一天的每一节课负责。这样，所有韦斯顿的学生在离开学校时都能为他们的未来做好准备。

（四）利用评价，加强协作

支持教师围绕所有学生的差异化，利用评价/绩效数据加强协作，促进教师之间的交流，鼓励教师创新和尝试，创建、共享数字资源和战略，以加强专业学习和部门间协作，创造和利用九年级跨学科合作伙伴实践，支持新生学业过渡。

三、过程研修以学科教学为重点，推进学科差异化教学

在韦斯顿高中的机制中，对教师最有效的培训是基于教学现场的过程研修。教师教学技术的应用，教师教学中问题的解决，教师之间的有效沟通、合作、讨论等，都可以通过教学现场研修来完成，这种方式对教师的帮助最大。过程研修以学科为单位，每周安排一个下午，与学科教学紧密结合，渗透到整个教学过程之中。

过程研修分为三个阶段：第一，依据学校差异化教学的改革计划，制定差异化学科教学目标，研究差异化教学实施策略；第二，参照新的差异化学科教学目标和教学策略，对已有的教学目标、内容、过程进行改革，涉及课前、课中、课后、作业、考试等各个教学环节，逐渐实现差异化教学理论的指导、普及；第三，学科过程研修与学科教学改革过程相结合，针对学科教学改革中产生的问题，指导教师如何分析数据、寻找教学资源、生成新的差异化教学实施策略，并将研究结果用于进一步改进学科教学。

下面以社会研究为例，呈现韦斯顿高中过程校本研修活动[①]。

目标1：继续更新并改进教学目标，将探究作为一种常见的教学方法纳入每门社会学课程。在这一目标的第三年，重点是确保每门课程都能提供探究经验。实施策略包括以下四个方面。①回顾和改进过去：评价去年在课程合作伙伴和部门层面的优势和需要改进的方面；将问题嵌入课堂，并模拟探究式提问。②提供专业发展/支持：用C3框架[②]重新定义部门；通过共享教案、学生作业、数据和学术资源来回顾最佳实践。③实践的修改：继续在有实力的领域进行合作规划，并在有需要的领域做出调整；使用差异化策略支持学生访问查询协议；使用教案、学生数据、小型观察和学术资源共享最佳实践。④评价有效性：通过学生评价确定学生在社会研究系开设的每门课程中构建和参与研究项目的能力的熟练程度。

目标2：通过社会学习内容增强宽容、良好的公民意识，实现学校范围内的健康学习环境目标。实施策略包括以下四个方面。①提供专业发展/支持：提供量表专业发展；分享外部资源；在部门会议上重点讨论立法和CSED指导；在合作伙伴会议上进行课程专题讨论。②加强个人相关联系：通过与课程伙伴合作，将"学生的相关个人关系"纳入课程设计；鼓励学生参与不同观点的讨论和辩论；查询各种出处，为历史事件提供不同的解释。③利用有把握的经验来衡量有效性：将多种观点、个人关系和宽容纳入有保证的社会研究评价；让学生在评价中展示健康学习环境的这些要素。④差异化：运用兴趣，准备和学习风格策略，为所有学生创造包容的环境。

四、开展教师评价制度，保证教学变革能高效地惠及每位教师；提高校本培训的针对性和实效性

学校教师评价活动由学区评价委员会组织实施，由学区主管人员、学校负责人、优秀教师代表组成，是每位教师都必须参加的考核活动。教师评价标准

---

① 指韦斯顿高中行动计划（2019—2020）。
② C3框架，指用于构建大规模、分布式、实时数据处理应用的编程框架。

是由各个州制定的，康州的教师评价标准包括以下四个方面。①学生发展与进步（占45%），至少有两项指标：第一，学生的考试成绩，以标准化考试分数为依据；第二，非标准化考试的标准，学生自我学习的档案，学习过程记录，包括出勤、课堂讨论、作业等。②学校办学目标（占5%），是全校教师的集体得分，把学校办学目标的实现程度与全体教师的考评挂钩，促进每位教师关注学校总体变革。③课堂观察（40%），观察的领域包括课堂环境、学生参与和学习投入、主动学习规划、主动学习指导、专业责任与教师领导四个方面，分为正式的课堂观察、非正式的课堂观察或非课堂观察/实践。④家长问卷调查与反馈（10%），每年春季开展一次问卷调查，学校根据教学变革的情况，设计20～25个问题，调查每位教师的教学情况。评价结果分为优秀、合格、待改进、不合格四个等级。由于康州的教师评价是学区组织强制性评价，是每位教师必须参加的考核活动，具有普遍性；其结果也必然会促进每位教师对差异化教学有清晰的理解，对差异化教学改革采取不同的措施。

教师评价不仅是一个考核过程，更是指导过程，能够促进教师较好地理解、实施差异化教学改革。从康州2017年有效教学通用核心（CCT）评价准则①的内容和程序来看，其对教师表现和实践的指导可以说是全方位、全过程的。教师课堂观察内容包括四个领域和十二个指标。领域一：课堂环境、学生参与和学习投入。教师通过以下方式促进学生在学习中的参与程度、独立性和相互依赖性，并建立积极的学习团体。①创造积极的学习环境，回应和尊重所有学生的学习需求。②制定适合发展的行为标准，为所有学生提供高效的学习环境。③通过有效地管理来最大化教学时间。领域二：主动学习规划。教师通过以下方式指导学生进行相关的学习，并提升他们对世界的好奇心。④在学生已有的知识基础上，制定符合标准的教学内容规划，为所有学生提供难度适当的挑战。⑤规划教学，让学生参与学习内容。⑥选择适当的评价策略来监控学生的进步。领域三：主动学习指导。教师通过以下方式实施教学，让学生参与相关的学习，提高课堂的教学效果，推进教学目标的达成。⑦主动学习教学内容。⑧通过使用各种不同的循证学习策略，引导学生应用新的学习方法。⑨评价学生学习情况，向学生提供反馈并调整教学方法。领域四：专业责任与教师领导。教师通过以下方式培养和展示专业精神、协作和领导，最大限度地支持学生学习。⑩持续从事专业学习。⑪合作开发和维持专业学习环境，以支持学生学习。⑫与同事、学生和家庭合作，发展和支持学生学习。

教师的课堂观察过程包括以下五个方面。①观察前：评价者阅读教师提供

---

① 指康涅狄格州教育部于2017年9月颁布的康涅狄州2017年有效教学通用核心（CCT）评价准则。

的计划文件和其他相关支持性文件，以了解教学背景，其内容包括但不限于学习目标、课程标准的一致性、特定学生的教学差异、教学前或教学期间使用的评价、资源和材料。②观察期间：观察者应主要收集课堂环境、学生参与、学习投入和主动学习指导的证据。③观察后：教师可以反思和讨论所观察到的课程/实践、学生的进步、课程期间所做的调整，进一步支持文件以及描述对教学和学生学习的影响。④分析：评价者分析在观察中收集的证据，并确定2017年有效教学CCT评价准则中包含的适用绩效描述。⑤评分/反馈：根据2017年有效教学CCT评价准则的培训指南，评价者将在领域内的适当指标上标记证据，并向教师提供反馈。虽然这不是任何单一观察的要求，但评价者可以对指标进行评分。

教师评价可以提高校本培训的针对性和有效性。通过教师评价，学校可以了解差异化教学改革和教师专业化发展的现状、需要解决的问题，为制定新一轮的校本研修方案提供依据，从而提升校本教师培训的有效性和针对性。康州前教育厅长George Coleman认为，教师培训最重要的是：①教师要清楚自己知道什么，对于盲点，知道去哪里学习。②充分利用信息技术、数据去学习以提高自己。③最好的培训是促进自我培训、自我学习，形成分析性思维和提升能力。④需要团队式合作培训，在培训中要淡化行政身份，进行平等交流；把校长列入培训小组，让校长了解培训内容，支持教师变革实践。⑤教师们更希望跨学区、跨州交流学习。康州韦斯顿高中开展的教师评价推进了教学变革并惠及每一位教师，提高了校本培训的针对性和实效性。

学习型组织视域下的名师工作室建设与实施策略

广东技术师范大学职业教育教师学院 齐 爽

进入 21 世纪以来，以名师引领教师专业化成长，满足在名师工作室建设过程中日益增长的优质教师资源需求，已成为我国教师教育领域改革创新的一个显著趋势。本文尝试把学习型组织的五项修炼模型应用到名师工作室中，探索学习型组织理论下名师工作室建设方法和实施策略的改善，以提高名师工作室的建设成效。

一、名师工作室存在的问题

名师工作室作为促进教育教学改革和教师专业成长的组织，目前活跃在全国各地，正成为培育骨干教师的"特种部队"、教学改革的"试验田"和区域教育均衡的"催化剂"。[①] 但是，由于名师工作室发起时间和范围有限，其建设也面临着多方面的挑战。

（一）工作室学员内生动力不足

名师工作室一般由工作室主持人、导师和学员等组成。工作室主持人由教育行政部门遴选确定，负责工作室的统筹工作，是工作室的核心和灵魂，通常具有出色的教学成果和独特的教学风格，在一定区域内具有相当的知名度和影响力；工作室导师一般由主持人挑选确定，通常与主持人学科专业相同、教育旨趣相近，具有一定的学科话语权、理论和示范能力；工作室学员一般由主持人和学员双向选择确定，学员是工作室培养的对象、发展的主体。

外在驱动的教师学习只是教师学习的外因，最终的决定因素是教师指向生命体验的内在自觉。[②] 自我发展的内在追求是教师专业发展的重要动力，作为工作室培养对象、发展主体的学员，其发展与自身的发展愿景、努力程度等关系更为密切。相对于集体备课、师徒制等帮助新教师成长的传统组织，作为教师学习共同体的名师工作室虽然在理论上有利于激发教师成长内生动力，但在

---

① 赵秀红，林焕新，梁丹等：《"名师孵化器"在行动：全国名师工作室建设情况调查》，载《中国教育报》2020 年 7 月 22 日。

② 孙德芳：《从外源到内生：教师学习方式的变革》，载《人民教育》2010 年第 19 期，第 24 – 25 页。

实践中仍然存在着工作室学员因个人原因缺课、缺勤，不能完整参与工作室活动、不能完成工作室任务等现象。如何调动学员积极性，激发学员学习热情，是工作室和主持人面临的共同挑战。

（二）工作室主持人创新不够

名师工作室一般由教育行政部门牵头组织，具有一定的官方性质，教育行政部门对工作室的设立进行指导、对工作室的规划进行监督、对工作室的成果进行考核。工作室成立之后，教育行政部门一般不会参与工作室内部组织的各项活动，在某种意义上，工作室又成为松散的学术沙龙性质的团体。可以说，名师工作室是一种"半官方、半民间"的组织，"分官方、分民间"的组织。[1]

工作室主持人以非正式的方式指导学员的专业发展，主持人与学员之间既不是简单的师徒关系，也不是正式的领导关系。虽然主持人负责工作室学员的培养、管理和考核，但主持人和学员之间多为协作、指导关系。主持人与学员之间关系的复杂性需要主持人具备教师专业发展的知识和素质，具备引导教师发展专业组织的能力。有的名师教学经验非常丰富，教学风格呈现鲜明的个性，却无法形成辐射力；有的名师在教育科研方面取得丰硕的成果，却对如何引领成员共同成长没有明确思路；有的工作室主持人对于建构和推动工作室内部形成自组织性质的群体性学习，缺乏必要的领导意愿和领导技能。[2]

因此，作为工作室主持人的名师，其思维方式应当进行一定的转变，职业角色也应当进行调整，从教师教育者、学员教师实践的临床指导者的视角开展工作，学习教师教育乃至工作室建设的理论、技术和方法。

（三）工作室团队协作较弱、沟通交流不足

名师工作室是"地方教育行政部门组织和管理，用名师姓名或专业特色命名，集教学、科研和培训等职能于一体，由教师志愿参加的合作共同体"[3]。名师工作室作为教师志愿参加的学习共同体，应是一个在民主的氛围中经常交流的和谐群体，工作室成员在相互支持和相互信任的环境下为了共同的目标而奋斗。只有具备良好的交流环境以及一定管理制度的名师工作室，才能够探索个体与团队的共同发展之路，才能成为地区或学校优秀教师间合作互动、培养人才的有效途径。

---

[1] 鄂冠中：《区域性名师工作室运行策略摭谈》，载《中小学教师培训》2012年第6期，第20-22页。

[2] 曾艳：《名师作为学习领导者的角色实践与困境：基于上海市名师工作室的案例研究》，载《教师教育研究》2016年第28卷第4期，第92-98页。

[3] 韩爽、于伟：《我国名师工作室研究的回顾与省思》，载《东北师大学报（哲学社会科学版）》2014年第5期，第196-200页。

在工作室建设实践中，如果学员教师任职于同一所学校，那么开展活动通常会比较顺利，运行会相对顺畅；如果学员教师分布在不同学校，活动开展难度就会相对较大，特别是跨区域的交流，会受到各方面因素的制约。目前，名师工作室仍然存在内生性不足的问题，具体体现为团队协作力量较弱、沟通交流不足等。[①] 有些工作室无法组织富有吸引力的活动，学员对工作室缺少归属感，工作室无法凸显共享、合作、共同成长等重要理念，不能真正成为有效的学习共同体。甚至有些工作室出现"有牌子无组织，有组织无活动，有活动无价值，有价值无方向"等问题。[②]

二、名师工作室与学习型组织

（一）学习型组织理论概述

20世纪中期以来，为了应对复杂多变的市场环境，组织学习受到西方企业界和学术界的广泛重视。美国麻省理工学院的彼得·圣吉博士结合系统动力学、组织学习等理论，于1990年出版了著作《第五项修炼：学习型组织的理论与实务》。彼得·圣吉在书中提出学习型组织的概念，并提出了构建学习型组织的"五项修炼"模型。彼得·圣吉认为学习型组织能持续开发创造未来的能力，学习型组织可以赋予工作中的人更高的精神意义。学习型组织的构建路径包括自我超越、改善心智模式、建立共同愿景、团体学习和系统思考等五项修炼。学习型组织和五项修炼模型提出后不仅受到了企业界的欢迎，还得到了美国教育工作者的共鸣，彼得·圣吉随后出版了"知行学校"丛书，描述了教育工作者如何应用学习型组织的基本原理和工具，以更有效的方式管理、变革学校的实践。

虽然有研究认为彼得·圣吉的理论"明显带有乌托邦的风格"[③]，但由于其哲学来源和价值观与中国传统思想比较相近，彼得·圣吉的学习型组织理论受到了国内社会各界的热烈欢迎和积极推动，在21世纪初的一段时间内掀起了创建学习型企业，甚至学习型政府、学习型城市的热潮。[④]

---

① 郭志明、蔡可、刘立峰：《首个全国名师工作室发展报告》，载《中国教育报》2015年10月7日，第8版。

② 李华平：《名师工作室建设的问题与对策》，载《教育理论与实践》2015年第2期，第29-31页。

③ ［美］阿吉里斯：《组织学习（第二版）》，张莉、李萍译，中国人民大学出版社2004年版，第5页。

④ 李禹磊：《学习型组织如何落地深化：访组织学习专家邱昭良博士》，载《中国人力资源开发》2014年第2期，第76-85页。

（二）学习型组织与名师工作室

教师作为终身学习者，要在持续学习和不断完善自身素质的过程中实现专业发展。名师工作室超越了特定单位和部门利益，着眼于主持人和学员教师的能力发展，优秀的名师工作室还会进一步塑造学员教师的独立人格，成为学员教师的精神家园。名师工作室的设立为教师专业发展提供了平台。彼得·圣吉也指出，坚持学习型组织的五项修炼就意味着成为一个终身学习者。名师工作室具备应用学习型组织理论的前提条件和精神基础。

学习型组织的建设无论对需要发挥引领辐射作用的名师工作室主持人，还是对名师工作室成员来说，都具有重要意义。工作室主持人需要在规定的时间内完成任务，激发成员教师的学习动力。成员教师在各自所在的环境中处于重要的领导地位，比如对学生、对其他教师，都面临如何开发潜能的问题。可以说，通过学习型组织理论开发自己或他人的潜能、开发集体的潜能，对工作室主持人和学员教师都有重要的意义。

部分名师工作室的建设实践引入了学习型组织理论，如通过建立共同愿景凝聚学员教师的力量等。但是，彼得·圣吉曾明确指出，五项修炼技术紧密相关，其中的每一项技术对于真正从事"学习型"的、持续开拓以实现自己最高理想的组织的建设工作都是至关重要的，应将五项修炼作为一个整体来开发，将五项修炼技术结合使用。本文从学习型组织的角度思考名师工作室运行逻辑，将学习型组织理论引入名师工作室建设场域，阐释学习型组织理论与名师工作室的关联性和适切性，试图在教师学习共同体现有理论的基础上构建一个较完整的名师工作室建设分析框架，以更好地指导实践。

三、基于彼得·圣吉学习型组织理论的名师工作室建设策略

"修炼"在彼得·圣吉的理论中指获取某些技能或能力的发展路径，在实践中应用某些理论和技巧的练习。自我超越、改善心智模式、建立共同愿景、团队学习、系统思考，被其称为建设学习型组织的五项修炼。

（一）自我超越：名师工作室建设的精神基础

自我超越是学习型组织的精神基础。彼得·圣吉认为，精通"自我超越"的人，能够全身心地投入，不断实现内心深处的渴望，不断创造和超越，进行一种真正的终身学习。自我超越修炼的核心要素是建立个人愿景，个人愿景和现实之间的张力可以促使个人努力。进行自我超越修炼，心中产生一种想要把"愿景"和"现实"合而为一的力量，即"创造性张力"，自我超越的修炼也是学习如何产生和延续创造性张力，以实现自我极限的突破。

组织是由个人组成的，组织在学习方面的信念和能力建立在个人学习的信

念和能力之上，组织的精神面貌是组织内个人精神面貌的汇总和体现。所以，基于学习型组织精神建设的名师工作室，首先，主持人应激发或善于激发工作室成员建立个人愿景，进行自我超越的修炼。教师，特别是进入教学稳定期之后的教师，需要借助名师的视野与力量，重新寻找、厘定发展的目标。[①] 这也是很多人加入名师工作室的原因之一。彼得·圣吉认为，行动比语言更有力，工作室主持人作为组织的领导者，其自身应是自我超越修炼的实践者，主持人应以自身对学习的热情和行动，激励和感召成员教师追求自我超越。研究优秀的名师工作室发现：学员可以在主持人的感召下，在名师工作室的团队互动中，不断感知、感悟成长过程中的挑战与喜悦。

其次，工作室应致力于营造适合成员进行"自我超越"修炼的组织氛围，在工作室的日常活动中实践"自我超越"修炼的原则。教师学员自我超越的意愿在很大程度上是受组织气氛影响的，工作室应创造鼓励和支持个人成长的氛围。名师工作室是脱离日常工作的非正式组织，可以挖掘教师自身的发展意愿和自我超越的能力，引导成员超越繁杂琐碎的日常工作，重新认识和定位自我价值，建立基于深层价值观的个人愿景。学习实质上是心灵的转变和成长，只有当内心深处有真正渴望的生命成果，才能激发心灵深处的责任感和使命感，才能对学习有义无反顾的投入和毫不含糊的勇气，从而千方百计主动成长。在名师工作室中，可以借助专业性的活动，如教师在分享"教师故事"的过程中实现自我超越，从而推动在专业知识和专业技能方面的进步。

最后，工作室主持人在帮助学员建立个人愿景时应注意，任何个人成长的修炼都应是自愿的选择，工作室应采用各种手段推动学员进行自我超越修炼，而不是强迫学员。因此，工作室要通过深层的投入来帮助成员成长，要建设诚信和相互依赖的精神氛围。对工作室主持人来说最重要的事情，是对成员的成长投入承诺，对成员的成长投入期望。

（二）心智改善：名师工作室建设的心理基础

改善心智模式是学习型组织深层次的修炼。心智模式是根植于人们内心的思维方式，影响着人们了解世界和采取行动的方式。心智模式不仅限制人们的思维方法，还限制人们的变革能力。对个人而言，改善心智模式对提高学习能力和智力水平具有重大影响；对组织而言，组织的心智模式也是影响组织学习能力和组织智商的重要因素。改善心智模式的修炼在提高个人能力的同时还可以提高组织的应变能力，使得组织在变动的环境中持续成长。

彼得·圣吉认为，改善心智模式的修炼最重要的方法是反思和探索。通过

[①] 曾艳：《名师作为学习领导者的角色实践与困境：基于上海市名师工作室的案例研究》，载《教师教育研》2016年第28卷第4期，第92-98页。

反思，让自己原有的心智模式浮出水面；通过探索，验证心智模式的完整性。教师是最应具备反思能力的专业群体。杜威将教学行为分为常规教学行为和反思教学行为，他对前者进行了批判，明确要求教师成为反思的实践者。教学反思是一个心理过程，也是一个社会过程。作为社会过程，教学反思需要有开放的交流气氛，批判性的对话和合作的环境的支持。除自我反思之外，思维的反思能力，还包括与他人对话、交流与沟通的一面，思维在向外吸收相关信息后，可以丰富自我反思，提升重建能力。

名师工作室成员通常具有相同的学科背景和相似的工作经验，为成员进行反思和提升搭建了良好的交流平台。教育部颁布的《网络研修与校本研修整合培训实施指南》指出，中小学教师培训要发挥教师工作坊的优势，将反思性实践与教师工作坊融合是中小学教师培训的必然趋势。

名师工作室中，协作式研修活动与反思性实践者知识生成过程的叠加，可以使教师的学习过程变为一个立足个人经验、与工作室其他教师一起展开专业对话的实践性知识的创造过程。① 名师工作室在帮助成员进行反思时，可以将"未来成为什么样的教师"的想象交还给教师，从而唤起其专业自觉。工作室应有意识地让渡研究权，将研究权交还给工作室成员，即鼓励教师尝试对自身实践性知识的形成过程进行"微型叙述"②，借助专业对话进行反思与合作探究，帮助成员教师成长为反思性实践者。为此，工作室应从仅关注研修内容、形式与方法等转向关注参加研修的教师，与成员教师合作，为其制定个性化的成长方案；成员教师也要主动作为，从培训对象转变为研修的主人，从"被动发展"转向"主动成长"。

（三）建立共同愿景：名师工作室建设的目标导向

学习型组织是由共同愿景引领的、基于某种核心价值观的组织，全体成员深度认可的共同目标、价值观和使命感是建设学习型组织的重要推动力量。个人愿景是个人心中所向往的前景，共同愿景则是组织中人们内心共同向往的前景。共同愿景的建立有助于形成组织共同的价值观，是组织目标形成和组织成员目标认同的必要前提。建立共同愿景能够振奋团队成员的精神，激发人们的热望和抱负，使组织的工作成为追求"更大价值的志向目标的过程"③。建设共同愿景也是目前名师工作室在建设中借鉴学习型组织五项修炼模型中最多的

---

① 单慧璐、刘力：《反思性实践视域下的名师工作室：研修理念、原则与过程》，载《教育发展研究》2015年第12期，第46－51页。

② ［日］佐藤学：《课程与教师》，钟启泉译，教育科学出版社2003年版，第244、227、215－216页。

③ ［美］彼得·圣吉：《第五项修炼：学习型组织的艺术与实践》，张成林译，中信出版社2019年版，第212页。

一项修炼。在一项调查了 225 个省级名师工作室的 1000 多位成员的研究中，所有成员都认为愿景有利于名师工作室建设，且在所有样本中，没有教师对愿景的重要性持"不认同"或"非常不认同"的态度。① 说明工作室成员对于愿景的理解、愿景在教师学习共同构建过程中的作用认可度非常高。

建设共同愿景对于工作室而言具有重要意义。当一个组织缺少精神引领、精神共鸣、精神信念时，该组织是无法形成合力从而进行更高层次的追求的。有些工作室学员在原单位承担着重要的教学和行政工作，工作任务比较繁重，抽不出时间参加工作室的研修活动；有些学员认为研修活动占用了业余时间，主观上不愿意参加工作室的研修活动。共同愿景的建设可以有效抵消部分工作室"有精神领袖，无精神共鸣"的问题，② 促使成员产生参与工作室活动的热情和内在动力。尽管我国传统上赞赏"学海无涯苦作舟"的学习文化，但是如果工作室成员能够不以参加工作室的活动为"苦"，反以为"乐"，工作室将更能激发学员的学习兴趣，产生更大的影响力。

在工作室中建设共同愿景，也是名师领导力的体现。"有愿景的领导者是让人狂热崇拜的英雄。"③ 创建名师工作室的目的之一，就是聚集具有相同志向的教师，鼓励教师在思想的相互碰撞中取得更大的成就。名师工作室是有坚定的教师信念的群体，工作室主持人深刻理解的精神追求，应当在"名师工作室"中得到提炼、发扬和继承，通过个人愿景与共同愿景的探索，增强教师变革创新的内驱动力并传递给其他成员，真正做到"聚是一团火，散是满天星"。

彼得·圣吉认为，共同愿景植根于个人的价值以及个人的愿望和志向。组织成员如果没有个人愿景，只是"报名加入"别人的愿景，就不会有真正的奉献和行愿，因为从上而下的愿景无法鼓舞人心。因此，团队领导在激励个人愿景的时候应注意："没有人能够赠予别人他的愿景，也不能强迫别人开发愿景。"作为组织的领导者，在建设共同愿景时，主持人应激励工作室成员开发个人愿景，工作室主持人应不断分享自己的个人愿景，并且在分享自身愿景的同时鼓励大家分享各自的愿景。从工作室成员的个人愿景中浮现、结晶的愿景，才是工作室的共同愿景。

---

① 童富勇：《名师工作室与教师专业成长实证研究：基于 225 个名师工作室的调查》，载《教育发展研究》2010 年第 2 期，第 64–68 页。

② 白玲、张桂春：《职业教育名师工作室的本质游离与回归》，载《职业技术教育》2019 年第 31 期，第 36–41 页。

③ [美] 彼得·圣吉：《第五项修炼：学习型组织的艺术与实践》，张成林译，中信出版社 2009 年版，第 215 页。

（四）团队学习：名师工作室建设的关键步骤

建设学习型组织，除了个人的修炼外，还要有集体修炼。团队学习就是最为重要的集体修炼。团队学习可以使集体产生出色的成果，也会加快团队成员成长。团队学习依赖自我超越的修炼，同时，要在开发共同愿景的基础上完成。彼得·圣吉认为掌握团队学习的修炼方法是建设学习型组织的关键一步。[1]

深度会谈是团队学习的主要方法。深度会谈是指团队成员暂时忘掉假设和成见，进入真正的"共同思考"的过程，[2]这是团队的反思。深度会谈可以让思想在团队中自由流动，从而实现个人无法完成的洞悉和领悟。教师合作、共享的专业能力不足，是目前掣肘教师专业共同体发展的主要因素。学习型组织理论中的团队学习，特别是深度会谈，是加强教师合作、提高共享能力的重要方法。因为情感与认知密切相连，成员在互相交流真正的情感状态时，也在进行团队的战略思考。"新基础教育"基地学校建设非行政性组织方面就包括"深度会谈"的尝试，[3]通过将共同面临的新问题作为深度会谈的主题，对教师来说更有自主感和贴切感，从而激发教师进行讨论。

工作室载体通过促进不同学校、不同层次、不同区域教师进行沟通，互相激活、补充支持，使成员教师呈现更多创造、生成和内在发展的活力，带动更多教师积极、有效地参与教学变革。各名师工作室文化虽有所不同，但都在倡导一种民主平等、合作交流、主持人与成员共同发展的工作室精神。深度会谈时，组织成员是相互平等的。深度会谈与等级体系是对立的，学习型组织的核心理念与名师工作室的宗旨高度契合。

在深度会谈中，要注意避免"习惯性防卫"。"习惯性防卫"是指保护参与会谈的人，即我们自己和他人不受窘迫威胁的习惯做法。在深度会谈中，应对质疑和评论保持开放和欢迎姿态，学会"一起悬挂观点"。团队成员要学会分享观点，而不是试图说服别人。一个团队在成为生成性的微系统时，一定会与自己真正的志向目标建立深层联通——"我们是谁？""我们为什么走到一起？"[4]因此，名师工作室应营造一种民主和谐、开放包容的谈话氛围，以团

---

[1] ［美］彼得·圣吉：《第五项修炼：学习型组织的艺术与实践》，张成林译，中信出版社2009年版，第241页。

[2] ［美］彼得·圣吉：《第五项修炼：学习型组织的艺术与实践》，张成林译，中信出版社2009年版，第10页。

[3] 叶澜：《"新基础教育"论：关于当代中国学校变革的探究与认识》，教育科学出版社2006年版，第363、351页。

[4] ［美］彼得·圣吉：《第五项修炼：学习型组织的艺术与实践》，张成林译，中信出版社2009年版，第240页。

结协作为根本,以畅所欲言为谋略,以推进工作为目标,给予每个成员教师心理支持,促使大家卸下防卫心理,各抒己见、相互聆听。而作为主持人的名师,应超越传统的等级观念,以与学员平等的身份、开放的心态引领和参与对话。

(五) 系统思考:名师工作室建设的核心任务

学习型组织五项修炼中最核心的是系统思考的修炼,即彼得·圣吉提出的第五项修炼。彼得·圣吉认为,"系统思考"修炼可以让人们既见树木又见森林,有效地理解复杂事物。系统思考可以将个人愿景和组织愿景、自我超越和组织融合革新,"如果没有系统思考,愿景的种子就落在了贫瘠的土壤里"[1],并促使其他四项修炼发挥最大功用。系统思考也需要其他四项修炼的辅助,系统思考是整合其他修炼的修炼,是将其他各项修炼整合成一体的理论与实务。

彼得·圣吉在《第五项修炼:学习型组织的艺术与实践》一书中列举了创建学习型组织的七种障碍:①我就是我的职位。即组织中的个人只专注自己的职位,缺乏对组织的责任感。②对手在外部。即在失败时,意识不到自己的错误,无法从内部找到关键的杠杆作用点。③主动积极的幻觉,误以为针对外部敌人的行动就能解决问题。④执着于短期事件。专注于个别的、暂时的和局部的事件,不能从组织整体的、长远利益的角度考虑问题。⑤温水煮青蛙。对缓慢而来的威胁视而不见。⑥试错法的错觉。很多决策很难看清结果或从中获得经验。⑦管理团队的迷思。团队成员常常假装统一了思想。彼得·圣吉从系统研究领域许多学者的工作成果中提炼出很多系统思考的法则,有助于人们战胜这些妨碍组织学习的障碍。如"今天的问题来自昨天的解决方法"法则等,其中"杠杆作用领域"法则比较适合名师工作室在进行学习型组织建设时应用。"微小的、集中的行动,如果选对地方,有时会带来可观的、可持续的改善。"[2] 这种能够取得重大改进效果的微小举措被称为"高杠杆作用领域"。处理难题,关键在于看清哪里可以发挥高杠杆作用,找到"高杠杆作用领域"。但是,高杠杆效益变革的路径对系统内的大多数人来说通常是不明显的,所谓当局者迷。

名师工作室脱离了行政的繁杂琐事,主持人、导师与成员通常学科专业相同、教育旨趣相近;工作室主持人在专业上具有丰富的经验,工作室成员虽然来自不同的单位,但是在共同的场域工作,面临相似的问题。名师工作室给成

---

[1] [美]彼得·圣吉:《第五项修炼:学习型组织的艺术与实践》,张成林译,中信出版社2009年版,第13页。

[2] [美]彼得·圣吉:《第五项修炼:学习型组织的艺术与实践》,张成林译,中信出版社2009年版,第20-24页。

员提供了系统的学习环境、自由探讨相关知识的平台。名师工作室更重要的功能在于成员可以在工作室中自由表达，成员之间相互悦纳、相互信任、相互影响；成员在面对实际问题的时候，能得到工作室其他成员的帮助和支持；成员可以超越时空和心理的藩篱，分享学习体验和成果；成员可以理清自己的思路、想法，体会自己在产生知识和传递知识过程中的主体身份和价值。工作室可以聚焦于厘清哪些领域具有"杠杆作用"，看清行为、现实背后的结构模式，找出杠杆作用点，这也是工作室的长处及着力点所在。

第二篇 区域校本研修

大数据背景下高校—地方共建教师教育实验区的挑战、策略与展望*

广东第二师范学院/广东省中小学教师发展中心　于　慧　吴开华　龚孝华**

2018年4月,《广东省教育厅关于公布广东省创建国家教师教育创新实验区立项结果的通知》（粤教高函〔2018〕53号）中,明确要求"各高校、地级市教育局要以实验区建设为契机,创新师范生培养模式和职后培训方式,加强资源共建共享,促进教师职前培养和职后培训一体化,政府、高校、中小学教师教育协同化,构建起注重协同育人、创新能力和实践能力培养的教师教育新模式"。这对教师教育创新实验区的战略地位与建设目标做出了明确释义,也开启了作为立项单位的11所本科高校（以师范院校为主）与作为教师教育实验区的全省21个地级市全覆盖的稳定互惠利益共同体的实践探索。

当前,大数据已势不可挡地进入教育领域,教育系统中的人物、事件、组织和行为都不可避免地在时代浪潮中被动调整或主动适应。正如维克托·迈尔－舍恩伯格教授所言,"人类思考模式因为大数据而产生巨大变革"[1]。

在这个背景下,要有序、科学、稳健地推进教师教育实验区发展,更需注意从大数据的思维视角审视和开展行动研究。

一、大数据背景下教师教育实验区发展的挑战

（一）因数据不足或数据模糊导致的施训或施教不准问题

长期以来,人们常常在缺乏充足数据支撑的基础上做决策,尤其是在教育领域。人们仰仗常识来进行决策,尽管依据常识往往会导致消极的结果[2]。这种现象在实验区的发展中主要导致两个层面的问题,一是高校对合作教师教育

---

* 基金项目：2019年度广东省高等教育教学改革项目"大数据支撑下的教师教育实验区实践创新研究"。

** 作者简介：于慧，女，黑龙江北安人，广东第二师范学院教师研修学院副院长，副教授；吴开华，男，江西人，广东第二师范学院教务处处长，教授；龚孝华，男，安徽合肥人，广东第二师范学院培训与社会服务处处长，教授。

① ［英］迈尔－舍恩伯格、［英］库克耶：《大数据时代：生活、工作与思维的大变革》,盛扬燕、周涛译,浙江人民出版社2013年版,第92页。

② ［英］迈尔－舍恩伯格、［英］库克耶：《与大数据同行：学习和教育的未来》,赵中建、张燕南译,华东大学出版社2015年版,第7页。

实验区的教师职后施训不准,表现在高校对该区域教师的群体特征和个体需求未能做到精准了解与判断,相对简单地根据已有的教师培训经验与资源,采用组织性、单一化的培训课程;二是教师教育实验区的教师对其授课学生的施教不准,表现在教师普遍习惯于依靠经验和直觉,凭借自身的有限理性来判断学生的"学"和把握自己的"教",进而影响基础教育教与学的质量。

(二) 因碎片式或泛在式设计导致的发展路径不清问题

大数据是一种资源、一种技术,更是一种新思维[1]。这种思维以数据收集为基础,更侧重于诊断和分析数据的反思和决策能力。数据收集不易,数据的有效提取与分析更难。虽然有相关研究者表示,当代计算机云端技术的发展,使数据分析的主体从科技人员转移到客户。但事实不然,就算云端技术便利了这种转变,如果教育研究者和实践者缺乏数据思维、数据分析的能力,那么实现这种转变的可能性基本不存在[2]。

由此可见,教师教育实验区的实际运作要注重提高决策者、研究者、参与者和实施者的能力——将数据转化为信息、利用信息进行科学解释、再进一步转化为改进智慧的能力。结合各教师教育实验区不同的现状、发展条件和区域要求,不能碎片式地"头痛医头"或泛在式地给予"放之四海而皆准"的支持策略,而要坚持"一地一案"原则,探索基于各个实验区的实际需求及教育诊断而制定的典型性、发展性、创新性实践路径,并形成合作方案,这样才能有效实现高校人才培养和为基础教育服务的深度融合。

(三) 因机制不畅或资源分割导致的合作壁垒问题

地方政府、师范院校和中小学校均有自身需求。创建国家教师教育创新实验区的相关政策文件搭建了三方合作的平台和体制框架,但现状往往是"高校与地方政府、中小学有联系、有合作,但大部分处于松散状态,没有形成稳定互惠的利益共同体"。它们之间普遍存在着合作内容窄化、动力机制弱化、协作机制软化、成果机制淡化等问题,体现在教师培训内容与区域实际需求脱节,局限于阶段合作、任务合作的制度欠缺协同性,协同育人、创新能力和实践能力不聚焦,教育研究成果和教学改革成果不突出等方面。

---

[1] 何振、杨文、唐思慧等:《大数据时代档案学教育的新常态与实践拓展》,载《档案学研究》2016年第2期,第117–123页。

[2] 卢正天:《大数据浪潮挑战下的教育回应》,载《当代教育科学》2014年第20期,第30–33页。

二、大数据背景下教师教育实验区发展的策略

(一)利用数据库进行理性分析:建设全省教师教育大数据智慧系统

建设全省教师教育大数据智慧系统是实验区发展的有力支撑,主要用于解决因数据不足或数据模糊导致的施训或施教不准等问题。大数据的技术支持给教育教学带来了机遇:一方面,我们可以收集教师教育实验区教师的专业知识储备、学习培训经历等基础数据,还可以通过课堂实录、微格教学等半结构数据勾勒出教师教学技能阶段与优势短板,这些数据信息能够帮助我们形成教师专业成长的数字画像,精确诊断教师专业发展状况,构建教师专业发展智慧模型,进而提升高校对该区域教师教育服务的科学性决策和个性化指导。另一方面,教师对学生学习状态的把握也需要诉诸数据,超越个人经验,以"分析表明"来论证自己的结论,从经验式思维转向数据式思维,发现数据、利用数据,学会用数据说话[1]。

(二)从诊断性研究出发:形成"一地一案"的实验区发展策略

"一地一案"是支持实验区发展的核心,主要解决因碎片式或泛在式教学模式导致的发展路径不清问题。这里的"地"就是合作的教师教育实验区,每一个实验区都呈现出教师个体与队伍群体、区域环境共同成长交织的生动图景;这里的"案"就是合作方案,需要科学、整体的系统设计。通过有效的管理和利用相关数据资源,进行体系化的"区域教育规划评估""学校自我发展诊断"和"教师校本研修诊断"等,催生基于所在区域真实发展坐标的重要关注点,再据此形成合作方案,以项目促变革。"一地一案""一校一策",具体表现为个性化教育管理诊断、个性化项目推进、个性化课题研究、个性化指导方案、个性化支持平台。如广东第二师范学院在佛山高明实验区,以"基于校长任期目标责任制的学校自主发展"和"薄弱学校改进典型案例"为抓手,带动提升区域办学水平;在珠海高栏港实验区,以"义务教育阶段学校教育教学质量监测"和"基于学校整体发展的校本研修与教师成长模式"为切入点,促进区域教育教学质量的提高;在江门蓬江实验区,以"名校托管、名家建站,推动基地学校发展研究"和"基于校本的教师信息化2.0能力提升"为突破口,有效支撑职前职后一体化的教师教育发展。

(三)以协作共赢为重,发挥合作体"四平台"整合效应

搭建合作体"四平台"是基于利益共赢的协同创新,主要解决因机制不

---

[1] 杨忠君、李艾欣:《大数据时代教师教育的新问题与新思考》,载《当代教育科学》2016年第7期,第39-41、54页。

畅或资源分割导致的合作壁垒问题。具体来说，就是推进高校与教师教育实验区的"师范生实践能力提升平台、教师教育大数据互联互通平台、专家资源共享平台、基础教育成果培育（孵化）平台"的多维整合效应。包括以下四方面：

1. 合作培养师范生

师范院校与教师教育实验区内中小学校协同确定培养目标、设计课程体系、组织教学团队、建设实践基地、开展教学研究，派送优秀师范毕业生顶岗实习，并在顶岗学校进行实践能力训练和学科教育研究。充分发挥信息技术对教育教学改革的引领和支撑作用，依托设在高校的省级中小学教师发展中心平台，搭建线上立体化、全景式实践教学平台，实现高校与中小学课堂的"互联互通、同步互动"，促进师范生教育实践的全程监控与指导，提升师范生的教育实践能力。

2. 合作运用教师教育大数据互联互通平台

各教师教育实验区协助教师教育大数据互联互通平台进行相关信息采集，充分利用该平台汇集的教师发展业务全流程、全要素数据，指导实验区教师专业发展，采取多种形式为实验区中小学和幼儿园提供在职教师培训服务，提高教师专业水平。

3. 合作共享专家、课程资源库

包括共建市、县（区）教师发展中心和教师发展学校，以"人工智能+教师队伍建设"工程为抓手，打造以"人工智能+"为特色的教师培训示范性基地库；鼓励各方协同建设基于"一师一优课、一课一名师"的优秀教学案例库及点评数据库；及时吸收基础教育改革发展的最新成果，精选中小学教育教学和教师培训优秀案例，建立简短实用的微视频和结构化的、能够进行深度分析的课例库。充分利用高校教师资源和多年积累的省内外优质教师教育专家资源，邀请全国教育专家及学科教学名师走进实验区，帮助实验区教育管理干部、中小学校长、教师转变教育理念、开阔专业视野，促进课堂教学改革与创新。

4. 合作办学与开展教育科研

高校可以与实验区地市开展合作办学，共建附属学校，以支持实验区内中小学薄弱学校改进或优质学校品牌提升。成立名家工作室、名家工作站，成立"学前教育研究中心""基础教育发展研究中心"等机构，合作培育、申报和建设各类项目，共同培育申报省基础教育各类奖项，为合作区域建设提供研究支持与智力保障。

三、大数据背景下教师教育实验区发展的展望

(一) 更新观念：提升多维主体对大数据的认知

"据了解，目前教师多将大数据单纯地看作一项技术或工具，并没有将其与自身联系起来。其实，大数据不仅是一种外部支持，更是内在于人的一种能力和思维方式。"[①] 智慧教育或智慧教师教育并不是贴上互联网、大数据的标签就自然升格为智慧，而是"避开单纯性的技术化或者理论化教学实践，转而走向融学习、反思、成长为一体的智慧型教学实践"[②]。因此，整个教师教育系统对大数据进行积极定位至关重要。

首先，要强化高校对教师教育实验区支持策略的数据意识。具体来说，大数据思维一方面帮助我们从整体上判断趋势，另一方面强调要关注个体的数据特征。这需要教师教育转换"只见森林，不见树木"的群体思维，更多关注有生命力的、真实的"树木"个体，"为不同的受教育者量身打造不同的教育目标、教育计划、教育培训方法、辅导方案并加以执行，组织相关专业人员为受教育者提供学习管理策略和知识管理技术以及整合有效的教育资源，帮助受教育者突破生存限制，实现自我成长、自我实现和自我超越"[③]。因此，立项高校应抓住建设广东省教师教育数据库之契机，以大数据为支撑，不仅要从区域层面整体判断实验区教师队伍的情况，还要点对点真正促进实验区每所学校的切实发展，即具体深入学校管理、学科教学中。通过数据了解教师个体的学习经历、能力水平、发展需求、工时矛盾，进而对其职后进修或培训的计划进行科学设计与引导，关注参与培训的内容、方法、资源或平台，并通过线上线下相补充的方式，尽可能给予教师个性化发展支持；还要根据"一校一策"精神，结合该教师所在的学科、学校整体数据情况（因教师是学科教学、学习共同体中的具体参与者和实施者），帮助其预测学科教学发展的趋势，帮助个体与组织同步发展。

其次，要帮助提升教师教育实验区中小学教师的数据理念。对工作常态化的依循是人的惯性，对新技术手段的适应常常有较大的担忧和拖延。亚尔钦指出，"当教师投入于将信息技术与教学相结合起来的时候，对这个过程起决定

---

① 杨忠君、李艾欣：《大数据时代教师教育的新问题与新思考》，载《当代教育科学》2016 年第 7 期，第 39 – 41、54 页。

② 刘喆、尹睿：《教师信息化教学能力的内涵与提升路径》，载《中国教育学刊》2014 年第 10 期，第 31 – 36 页。

③ 杨妮、熊健杰：《美国高中个性化教育策略及其启示》，载《教育导刊》2013 年第 1 期，第 46 – 49 页。

性作用的是教师所拥有的对技术整合的自我效能信念"①。目前在教师职后培训中，虽然也在逐年增加关于教育信息化的专题讲座和技术培训，但普遍不成体系，操作性不强。因此，应开展教师信息化教学能力精准培训，更加注重将数据信息转化为教学智慧的现场实践和案例教学；提升教师对教与学过程进行智能化监控和评价的能力，使技术赋能于教学评价，运用大数据和人工智能技术，建立对教与学过程的跟踪机制，利用基于大数据的学习分析技术，定期对各类教学、学习数据进行知识挖掘和分析，研究教学规律和学习规律，为教师参与教学过程、教学监控、教学评价、管理决策、学生发展等提供服务。

（二）积极作为：推进信息技术支持下的教师教育改革

《教育部关于加强师范生教育实践的意见》（教师〔2016〕2号）提出"形成从职前培养到职后培训的教师专业发展档案库"，以及"地方教育行政部门要统筹考虑本地区师范生规模结构和服务面向，与举办教师教育的院校共同遴选建设长期稳定、多样化的教育实践基地。……在师范生教育实践、教师培训、教育教学研究、基地学校发展等多方面建立合作共赢的长效机制"等要求。这迫切需要强化信息思维和数据技术，通过教师教育大数据的数据采集、数据挖掘、数据汇聚、数据治理、数据分析、数据应用，构建基于用户需求与特征分析的教师教育精准决策、精准培养、精准施训。同时，还应特别注意从职前师范生入手，并一直追踪到职后教育教学实践中，对教师大数据素养进行联动培养和互动影响。

需要将信息化教学能力纳入教师教育课程体系，建设信息技术与教育教学深度融合的课程资源体系并进行系统性的实施，全面提高师范生和在职教师的信息技术素养和能力。对于师范生来说，可以通过制定专业培养目标和课程设计来体现，"如美国西俄勒冈大学在教师职前培养课程中，强调教师使用数据及证据改善教学和学习的能力。该模型由收集基线数据、为了课程改革和识别学生学习需求而使用数据、基于数据修改和评估教学三部分内容组成，帮助师范生掌握数据驱动决策的教学模型"②。同时，师范生接受新事物的感受力和学习力都较强，在置换顶岗和教育实习中也可以将数据运用方法及效果直接或间接地向实验区的在职教师辐射。对于在职教师来说，可以采用"线上学习+线下教学"的混合式教师教育模式，积极使用新技术手段开展教育教学。还可以考虑打造集课程资源管理、网上教学、网络研修、教学管理服务等功能

---

① YALCIN S. A.，KANRAMAN Z. A.，YILMAZ Z. A.，Primary School Teachers of Instructional Technologies Self-efficacy Levels. *Procedia-Social and Behavioral Sciences*，2011（6）：28－32.

② 杨忠君、李艾欣：《大数据时代教师教育的新问题与新思考》，载《当代教育科学》2016年第7期，第39－41、54页。

于一体的网络教学平台和网络研修平台，提供教学、学习与教学管理"一站式"服务，利用大数据和人工智能技术，为实验区教师提供分布式资源定制和精准推送服务。

（三）汇集优势：促成教师教育"两发展"成果

教师教育实验区容易陷入阶段合作、任务合作的困境，为形成高校与地方教育部门及中小学互利共赢的长效机制，需用互开放、重融合、见成效的态度和信心，集中优势、显化成果。高校应以建设全省教师教育大数据智慧平台为契机，立足精准对接，以"人工智能+教师教育"工程为抓手，旨在形成集教师数据分析、专业发展诊断、远程培训服务、智能在线训练、网络互动研修、远程发展指导、精品资源共享的"七位一体"的教师教育信息化服务系统。

在该系统支持下，高校与教师教育实验区通过师资共建、基地共建、课程共建等方式实现资源共享，做法包括：双方共同组建中小学名师工作室、特级教师流动站、导师人才库，建立教师教育师资共同体；充分发挥教研员、学科带头人、特级教师、高技能人才在师范生培养和在职教师常态化研修中的重要作用；以实验区为主导，共同组建示范学科教研基地项目，依托区域内中小学校开发建设一批优秀特色学科基地资源；以高校为主导，共同开发教师教育精品在线开放课程资源、教师教育微课资源、教师教育案例资源库等，服务于师范生培养和在职教师专业成长。通过数据和资源的双向互通，切实合力实现"名师共培、学生共育"的"两发展"目标。

四、结束语

基于大数据的"用户数据分析"工具，为教师教育实验区的发展提供了全新的视角和选择。在政策要求、理论发展和现实需要的综合背景下，发挥高校优势，推进信息技术支持下的教师教育改革，构建基于用户需求与特征诊断的教师教育精准决策、精准培养、精准合作，最大最优服务实验区的教师成长和学生受教育的质量，实现了教师教育实验区的教师、学校、区域整体提升和高校师范生培养质量提升，形成了高校与区域基础教育协同育人、共同发展的新局面。

（本文发表于《广东第二师范学院学报》2021年第1期）

基于教师能力提升的区域中小学校本培训支持机制的研究

广州市天河区教师发展中心　李丹青

一、区域校本培训机制在实践中的问题

创新是时代的要求，是教育发展的灵魂，是推动学校教育教学发展的不竭动力。拥有一支优秀的教师队伍，是学校实现可持续发展的核心要素，教师校本培训是促进教师专业发展的有效途径，是提高教师专业能力的重要举措之一，是促进学校发展的有力支撑。随着校本培训在中小学校的广泛推行，校本培训已经成为教师继续教育的重要组成部分。2021年底，天河区对部分校长和教师进行了调查，结果显示，天河区的教师校本培训目前面临的问题主要表现在以下五个方面。

（一）在培训机制中存在重管理轻指导的现象

近年来，培训工作越来越受到重视，培训经费的支持力度不断加大，市、区两级对校本培训的管理不断完善，包括课程申报、培训总结、学分登记等要求。极大地促进了培训工作的规范开展。但在具体实践过程中缺乏足够的支持与指导。

（二）缺乏优质的师资与专业的课程设计

新课程改革要求教师实现从学科教学到学科教育的转变，具备在学科之间建立关联、架设通道的超越学科界限的整合能力，同时，既要有上位的课程设计能力，也要有下位的课程执行能力。如此高要求的教师培训任务，单靠一所学校很难完成，学校缺乏优质、专业的培训队伍及课程设计的持续支持。

（三）具体培训模式和内容指导不均衡

面授培训主要以专题报告和专家讲座的形式开展，参与式培训和跟岗培训少，受训者通常是被动接受，培训效果不佳。优质的培训资源尚未整合形成系统课程，无法满足一线中小学教师的需求。培训内容针对性不强，有操作性和实践性的内容较少。面授类课程重理论、轻实践的现象明显，培训内容过多关注"是什么""为什么"的问题，对于关键点的"怎么办"问题讲得较少。

(四) 培训缺乏整体性与系统性

薄弱学校缺乏教师培养规划，无梯度，没有按照不同年限、不同学科来提供精准培训；课程设计合理性有待加强，内容过杂，与教师的实际需求有偏差。优质课程、特色课程不够突出，课程开发能力有待提升。

(五) 工作和培训矛盾突出

一线教师的教学任务重，工作压力大，学校人员编制紧，教师参加培训，特别是参加集中系统的跟岗学习的时间很难保障。

由此可见，基层学校和教师更多需要的是"怎么做"的实践性培训。面向新时代，全社会对学校教育和教师提出了越来越高的要求，如何从教师队伍建设的长远发展出发，建立和完善行之有效的校本培训支持系统，推动机制高效运转，是保证校本培训质量、全面提升教师的专业能力水平的前提。

二、构建区域校本培训的支持机制

(一) 构建县（区）教师发展中心与中小学联动机制

2013年，教育部发布的《教育部关于深化中小学教师培训模式改革全面提升培训质量的指导意见》（教师〔2013〕6号）提出，"各地要依托现有资源，加快推进县级教师培训机构与教研、科研和电教等部门的整合，建设县级教师发展中心，发挥其在全员培训的规划设计、组织实施和服务指导等方面的功能"。要求加快县（区）教师发展中心，充分发挥其职能作用，为本区域中小学和幼儿园教师、校（园）长的专业发展提供服务；探索支持学校创新发展的教师校本培训的机制与方法；构建区域教师校本培训资源及培训课程，为县（区）中小学校开展校本培训进行系统科学的指导；实现培训针对性和有效性，确保按需施训，进一步激发教师参训的内驱力，有效促进县（区）中小学校和教师可持续发展。

由县（区）教师发展中心统筹推进校本培训工作，可以有效整合优质教师教育资源，通过整体优化、统筹管理，推动区域内校本培训工作的开展，促进教师的专业化发展。县（区）教师发展中心对区域校本培训的现状要做好充分的调查研究，定期发布研究报告，指导学校按照国家、省、市文件的要求制定培训规划，加强教师培训项目的质量分析，在课程设计、培训内容和师资等方面提供智力支持。在此基础上，中小学要立足校情，按照《中小学教师专业标准》的学习领域和能力要求，实施"一校一案""一科一策"，制订支持教师专业发展的培训规划及每年的培训计划方案，保证各学科、各学段教师适应基础教育发展的培训需求。

县（区）教师发展中心与中小学校形成合力，建立健全教师培训工作的评价激励机制，进一步调动教师参训积极性，提高校本培训的质量，带动教师的真学习与真应用，从而助力学校的创新发展。形成区域互助，各校特色发展的良性教育发展氛围，真正实现校本培训"从学校出发、以校为本、为了学校"的宗旨和目标。（如图1所示）

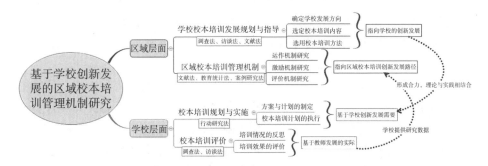

图1　基于学校创新发展的区域校本培训管理机制研究

（二）建立校际学习交流机制

一是搭建校际学习交流的平台。通过"天河部落"等网络研修平台，建立教师网络研修共同体，形成"研训一体、深入校本"的教师网络联盟发展态势；由区教师发展中心定期组织网络研讨与交流，推动远程教育的创新发展，加强教师混合式学习模式的研究，强化区级精品网络课程建设力度，初步搭建起区域教师继续教育"网络课程资源中心"，构建任务驱动、资源共建共享、科研训一体化和共同发展的中小学教师培训生态系统。

二是构建组团式发展的校际联盟学习模式。美国著名人力资源培训师鲍勃·派克提出的成人学习法指出，成人更容易接受自己思考或小组讨论得出的结论。因此，构建跨校学习小组，将组团发展、校际联盟与校本培训有机结合，形成"学校自愿、教师自主、专家支持、进校指导、资源整合"的校本培训的新模式。由各联盟学校提出教师普遍存在的共性问题，制定培训计划，定期轮流组织相关的学校教师开展专题培训和教育教学研究，提升教师解决问题的能力，拓宽学习的思路；区教师发展中心定期组织开展校本培训开放日观摩学习活动，举办教育讲坛活动，促进校际、同行间的互相学习与交流；组团发展与联盟活动不仅解决了培训资源缺乏的问题，提升了校本培训实效，促进了联盟学校教师队伍整体发展，还缩短了薄弱学校与强校之间的差距，推动了区域教师队伍的整体均衡发展。

（三）完善实践性课程资源建设机制

一是按照《教育部关于深化中小学教师培训模式改革全面提升培训质量

的指导意见》（教师〔2013〕6号）的要求，实践性课程应不少于教师培训课程的50%。开发优质实践性课程，强化教育实践环节，加强教师基本技能训练，县（区）教师发展中心定期举办"教师基本功大赛"和"班主任技能大赛"，以赛促培，为教师提供更多观摩学习讲课的机会；通过科研立项、遴选评优和"一师一优课"的评选途径，构建丰富多彩、高质量的教师教育精品课程资源库；推动区域"立志教育""正面教育"联盟的建设，加强"立德树人"课程建设，实施"心育"课程建设，设计一批有利于创新型人才培养和学校特色发展的校本培训课程。

二是分片区开展校本研训，加大课例观摩、跟岗实践课程的占比；深度挖掘各类工作室职能，发挥其引领、专业研修和辐射带动作用，协助开展各类跟岗实践活动；加强实践能力的培养，侧重对有代表性、优质的、有品牌和口碑的学校开展"课例观摩"活动，通过现场诊断和案例教学解决实际问题，通过情境体验改进教学行为，创建区域校本培训优质资源库，确保培训实效。

三是在全区成立"立志教育联盟""正面教育联盟"和"教师心理健康教育联盟"，构建学习共同体。校际联盟的学习共同体以区内的心理学科骨干教师为核心、以班主任为牵引、以联盟校为单位，建立教师心理健康教育联盟；联盟成员既是学习者，也是助学者，形成互相影响、互相促进的关系，通过共同学习来实现学生心理教育和教师心理调适等任务；有效解决目前心理健康教育资源相对缺乏、信息沟通相对不畅的问题，而且能够为从事心理健康教育工作的老师提供一个共同成长的平台；推进校际间的教学互促、研训联动、文化共建，共享心理健康教育理念、方法、资源、成果。

（四）完善培训的运行机制

区教师发展中心在指导中小学开展校本培训的过程中，从培训内容与师资，包括培训的设计，为一线中小学提供更多有价值的理论与实践案例，特别是在"怎么做"上面，为学校提供范例，强化支持、服务的职能；建立分层、分类、分岗的培训机制，根据不同的培养对象采取不同的培训方式，如针对不同层次的名教师、骨干教师、新教师，音、体、美、幼等学科教师的不同要求，开展不同层次、不同学科的培训活动，并按片区送教到片；或针对学校不同岗位，开设班主任、科组长、中层干部等专项、专题培训，在丰富培训形式和内容的同时，提高培训的针对性和实效性。统筹培训项目管理与课程开发，有计划、有目的、分阶段实施培训。同时，建立和完善行之有效的校本培训支持系统，优化培训过程管理，成立校本培训组织领导机构，建立校长责任制，完善"基地申报—课程申报—过程管理—总结检查—学分登记"工作流程，为区域教师培训和教师专业发展赋能。

三、拟解决的关键问题和创新

分析区域校本培训现状的调研情况可知，本研究要解决的关键问题是建立区域校本培训的支持机制，提高校本培训的质量，带动教师的真学习与真应用，从而助力学校的创新发展，创新之处体现在以下三个方面。

（一）解决区域校本培训管理的难点问题

本研究通过对天河区校本培训工作现状进行大量调研，确定了导致校本培训质量提升慢、教师参训积极性不高的关键原因，把研究重点放在区域校本培训支持机制，保障区域校本培训工作规范、有序、有效开展。

（二）从理论和实践两方面为校本培训的研究提供范例

本研究将理论和实践紧密结合，探索既符合教育发展规律和要求，又适合中小学校教师发展需要的校本培训支持机制，为校本培训的研究提供范例。

（三）研究的最终目的旨在提升教师专业水平

本研究以区教师发展中心为主导，以一线中小学校为主要研究单位，区域与学校形成合力，坚持理论与实践相结合，形成区域互助，资源共享，各校特色发展的良性教育发展氛围，真正实现校本培训"从学校出发、以校为本、为了学校"的宗旨和目标。

四、培训案例

从3到10的成长路
——天河区"3+7"教育协作联盟活动介绍

天河区"3+7"教育协作联盟是由天河区龙洞小学牵头、由10所学校组成的教育教学合作联盟。该联盟成立的主要目的是解决偏远学校培训资源缺乏的问题，促进学校间的交流，促进教师队伍的均衡发展。

龙洞小学位于天河区东北部，属于城乡结合部学校，生源情况一般，师资流动性较大。为创设更多的机会与平台使老师得以发展与提高，2003年，龙洞小学、侨乐小学和柯木塱小学的校长达成共识，组建了最早的联盟——龙侨柯三校联盟（以下简称三校联盟）。

（一）活动形式

一是集体教研。组建联盟之初，只在语文学科开展活动，活动形式主要为集体备课和异地教学，有骨干老师的示范课，也有新老师的研讨课，每个学期进行三次研讨活动。这些活动的开展，使三校的语文老师走到一块，共同研究与探讨，这种创新的教学研究形式马上受到了老师们的欢迎，效果也越来好，一批年轻教师迅速成长起来。

二是课题研究。2006年10月，成立了《三校联动的教研模式探究》课题组，联盟活动由自发的、不系统的初级阶段转为正式、规范、系统的课题研究阶段，开展了同课同构、同课异构、异地教学、网络教研、视频网络教研等多种教研模式的研究，并初步整理出这些教研活动的模式结构，与此同时，逐步摸索了校际联盟的管理模式。

（二）管理模式

由于研究主题涉及三所学校的人员配合，所以需要建立一个分工明确、职责分明的管理机构。具体管理机构与模式详见表1。

1. 课题管理机构

表1 课题管理机构

分工	成员	职责
总负责人	联盟各校的校长	整体调控与支持课题的开展
执行组长	联盟各校的教导主任	组织与协调三所学校的联合教研活动，制定课题研究计划与方案，组织与督导执行
学科组长	各学科组长	具体制定本学科的研究计划，组织与安排研究活动的开展，做好活动记录并撰写研究总结

2. 管理模式

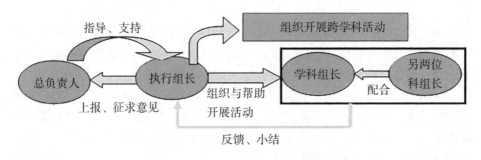

图2 管理模式

从图2可看出，课题组建立了一个四级管理模式，总负责人为课题的开展提供整体的调控、指导与支持；执行组长是课题的主要组织与督导者，组织与帮助各学科开展活动，同时，也直接组织跨学科的活动；三位学科组长是各个学科课题研究的具体组织者，负责与另两位学科组长一起组织本学科教师开展具体的活动。

（三）教研活动开展模式

开展了多种形式的教研活动，如集体备课、异地教学、同课异构、同课同构、网络教研等，主阵地都是在课堂，主要目的就是提高教师的教学水平。这些活动的开展，逐步形成了相对固定的模式。

1. 异地教学教研活动研究

这个模式主要用于教师异地教学的研究，强调教师在异地授课的教学组织与调控能力的培养。（如图3所示）

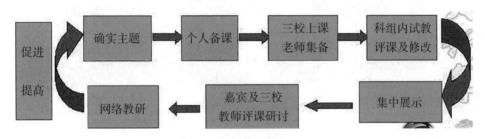

图3　异地教学教研模式

2. 同课异构教研活动研究

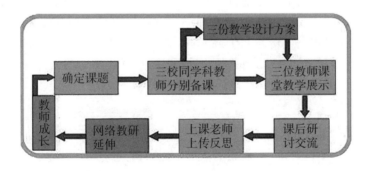

图4　同课异构教研模式

同课异构的教研活动主要是以不同的教学活动设计来实施同一教学内容，能更直接地对比出不同科组或老师的教学设计与教学实施能力，达到互相学习、互相促进的目的。从图4可看出，三校的教师分别设计出三份教学设计方案，然后同时在现场上课，课后的交流方向主要为教学设计方面，如教学目标定位的准确性与科学性、教学活动设计的有效性两方面。

3. 同课同构的教研活动研究

在这种模式的教研活动中，三所学校同一学科的老师在进行集体备课后，由三位老师用这个集备的教学设计来上课，主要是针对教师的课堂教学组织与调控能力的培养，用同样的教案上课，能更直接地看出不同老师实施课堂教学的风格与能力。（如图5所示）

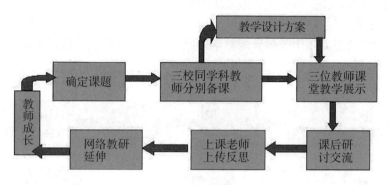

图5　同课同构的教研模式

4. "视频网络教研"活动研究

利用开放会议的平台，围绕大家共同关心的，并且比较迫切需要解决的教学主题，以主题交流式的视频网络教研形式，进行即时与深入的研讨。如图6所示，我们在研讨之前，先把自己对于这一主题的困惑或做法做成word文档或PPT稿，然后上传到开放平台；活动时，老师们登录到开放会议平台，由主持人组织大家根据上传的PPT或word文档进行即时交流，有经验的老师积极地把自己的好经验介绍给新老师，这样就可以图、文、声三者并茂地进行讨论，研讨后，由主持人对此活动进行记录与总结，其他人作反思。

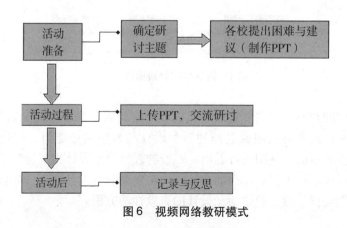

图6　视频网络教研模式

如针对联盟校里几位老师是第一次教五年级，而且他们大多是刚参加工作不久的新教师，对指导学生进行复习感到困难的问题，开展了五年级英语学科"期末复习大家谈"活动，大家各抒己见，分享心得，新老师也在这个过程中学到了很多好做法。

5. 视频网络课堂教学研讨活动

随着活动的开展，有越来越多的学校和老师加入联盟活动中来，往往整个教室都坐得满满的，现场研讨的时间就更少了。视频网络课堂教学研讨能很好地解决这个问题。利用课堂录播系统和网络，把在异地上的一节课即时地传到其他学校，再利用开放会议平台和"天河部落"平台，组织老师们进行课后研讨，让其他学校的老师省时、便捷地一起参与研究与讨论。如从化与天河区际间网络教学研讨活动，把联盟的作用辐射到更远、更多的学校。

值得一提的是，每场活动，我们都运用现代的教育信息技术进行网络的交流研究，如写博客、建立博客群组，并利用博客群组进行深刻与便捷的网络教研活动；又如网络集备、网络评课、网络专题研讨、视频网络研讨等。通过网络与现代信息技术，克服了空间与时间的障碍，拓展了研究的深度与广度。

经过四年多的活动开展与研究，共举办了 50 多次活动，其中展示与研讨课例 96 节，专家讲座 5 次，网络教研 12 次，视频网络教研 2 次，联盟工作总结或课题组例会 16 次。在这些活动中，老师得到了迅速的成长，新老师的成长期大大缩短，很多教师迅速成长为学校，乃至区的骨干教师。

另外，科组的互补与共进成效也是喜人的。龙洞小学的英语学科基础好，老师们的研讨氛围浓厚、评课能力较强，在他们的带动下，柯木塱小学和侨乐小学的英语学科进步明显，以前评课寥寥几句就结束了，而现在，每次研讨的时间都不够。又如，侨乐小学的数学学科骨干多，教学能力强，在同课异构中，给了另外两间学校数学科组很大的支持与启发。现在，每个科组的教学能力和评课能力都大大提高，科组的凝聚力也大大增强了，老师们参加研讨交流活动的积极性同样也大大提高。

学校的发展更是喜人的。在这几年里，龙洞小学走过了广州市一级学校、广东省一级学校的发展道路；侨乐小学扎实有效的管理成为天河区的典范，柯木塱小学虽然小，但学校的科研道路发展迅速，足球特色课程已在国内小有名气。

（四）规模化与规范化发展

随着活动日见成效，越来越多的兄弟学校加入联盟活动里来。现已壮大成为"3+7"，联盟研究的资源更丰富，力量更强大。

1. 研究内涵的拓展

继续坚持在以课堂教学研究为主阵地的原则基础上，适当地开放学校教育教学各方面工作，如科研工作、德育工作、工会、少先队工作等，实现无围墙学校。

2. 成立学科工作组

以语数英三个学科为主，成立工作组，开展专项教师培养工作。工作组由组长、指导老师和学员组成。以三年为一个目标年限，结合联盟内的骨干老师力量，培养一批联盟内的年轻老师。

3. 联盟工作模式

各个负责人于每学期初定好工作计划，一个学期开展 1~2 次交流与研究活动，并由盟主校长来统筹，制定总研究计划，由联系人来协调，各个学科具体开展各项活动。活动后，负责人把本次活动的相应资料汇总交给联盟联系人留档。每个学期末，进行联盟工作的总结。

参考文献：

[1] 陈霞. 教师培训课程设计 [M]. 上海：上海教育出版社，2019.

[2] 鲍勃·派克. 重构学习体验：以学员为中心的创新性培训技术 [M]. 孙波，庞涛，胡智丰，译. 南京：江苏人民出版社，2015.

基于 SPOC 支持下区域教学平台的建设与实践报告

——以佛山市高明区中小学实践为例[①]

高明区教师发展中心　赵建初

疫情期间，佛山市高明区中小学和全国很多其他地区的学校一样需要居家上课。迈入后疫情时代，线上教学逐渐成为课堂教学的主要补充。线上教学在促进教师专业成长、提高教育教学质量、减轻教师负担方面发挥了较大的作用，同时，由于使用方便和自由，也越来越受到高明区师生的欢迎。但随着网络教学的推进，线上教学平台功能和实践应用却差强人意，出现了诸如"以信息发布为主，教学交互功能缺失""未提供有效协作交流，缺乏业务交流""不具备教学活动组织管理功能""缺乏对优秀教学资源的有效管理"等问题。本文在省级课题"基于人人通平台的区域系列化微课资源建设与应用研究"（2015 yjyz 031）的研究基础上，对高明区中小学开展线上教学的主要模式进行分析和总结，从网络教学平台的搭建、教学实践及应用效果等三个方面进行阐述，从教学模式、教学资源和教学工具等多方面进行探索和实践，对使用 SPOC 开展线上教学实践及教学设计进行教学反思，为今后更好地开展相关线上教学提供依据。

一、SPOC 的可行性

阿曼德·福克斯教授认为，SPOC 是指小规模在线课程（Small Private Online Course），是慕课（MOOC）的延伸和补充，也可以理解为：MOOC + 中小学班级课堂 = SPOC。SPOC 的出现，不仅弥补了 MOOC 在中小学实施效果不佳的缺憾，还整合了线上学习与线下课堂两种模式的优点。其教学过程与传统的翻转课堂十分相似——课前，教师根据教学计划，发布或推送视频学习材料，布置作业和组织线上讨论；学生在学习任务单的引导下完成视频观看、作业巩固和交流讨论；课堂上，教师传道授业解惑，对网络课程未涵盖的问题进行答疑，组织课堂测试。SPOC 充分借用了 MOOC 成熟的技术优势，解放了教

[①] 本文为省级课题"基于人人通平台的区域系列化微课资源建设与应用研究（2015 yjyz 031）"研究成果。

师，让他们把有限的时间和精力转向更高层次的"授业解惑"活动中，如交流讨论、任务协作等。因此，SPOC 是传统课堂与"互联网＋教育"相融合的混合式翻转课堂模式。哈佛大学的学者在 2013 年对三门课程进行了 SPOC 实验，取得明显的成效，重新定义了教师的作用，创新了教学模式。这些研究成果为在疫情期间推行基于"SPOC＋钉钉直播"的在线翻转课堂提供了必要的理论支持和实践底气。

二、SPOC 的实施策略

推送学习资源，组织线上自主学习，虽然能避免网络拥堵，但由于缺乏有效监督，学习容易流于形式，也难以促使学生进行深度学习。为保证教学效果和学习质量，根据网络课程特点和本地区实际学情，我们让学校自主选择合适的教学模式，尽可能达到线上、线下两种课堂教学同质等效的目标。

常见的线上学习一般可以总结为：线上异步自主学习、同步直播授课、异步自主学习＋同步直播授课等三种模式。如果仅通过线上异步自主学习，对教师开发教学资源和学生自主学习能力要求都较高，也难以保证教学质量。如果一刀切——全部采用同步直播授课，相当于把传统课堂直接搬到网络直播间，不仅对网络要求高，而且不能充分利用现有的网络学习资源，也没有给予学生自主学习的空间。而异步 SPOC 自主学习＋同步直播授课相结合的在线翻转课堂可以融合以上两种模式的优点。课堂教学的具体实施策略有以下三步：

1. 资源准备

教研和电教等部门联合部署线上资源平台，提供优质资源。资源以"知识视图"教学平台、高明区智慧教研平台和钉钉班级群为载体，为学生提供优质微课、教学课件、电子教材、导学案、试卷等资源，保障自主学习的必要条件。

2. 教学组织

完成第一阶段的学生自学后，由教师组织线上直播教学，根据翻转课堂原理，教师在授课时针对学生自主学习后反馈的问题，使用思维导图梳理，对知识点进行分类，把课前自学知识点进行串联、抽象、汇总、提升，再结合实例进行知识拓展，并重点讲授反馈问题较为集中的知识点。

3. 检测提升

教师根据线上测试报表，检查学生自主学习效果，了解学情，调整教学方式；布置讨论题，在直播、视频会议时引导学生进行讨论，进行线上公开汇报和生生互评，促进学生对知识的进一步理解，实现在线翻转课堂。

三、SPOC 的实施过程

在教学实践中，高明区从师生实际情况出发，将 SPOC 在线资源平台、视频直播与互动交流工具三者结合，形成了多模态的线上教学形式。在教学资源的选取上，一是以自建的具有区域特色的高明区智慧教研平台（www.fsgmjy.cn）为主，通过直（录）播生成优质微课，建立并丰富本地学习资源库。二是以资源包推送的方式，为中小学师生顺利进行在线学习提供技术支持和资源准备。三是鼓励使用国家教育资源公共服务平台、粤教翔云数字教材应用平台、"知识视图"教学平台（www.zsgen.net）、智学网、洋葱学院等优质课程资源平台。教学工具分为直播工具和交流工具两种，直播工具主要采用钉钉，同时，提供腾讯会议等、腾讯课堂、ZOOM 等直播工具。互动交流工具主要采用钉钉班群、微信群和 QQ 群等。

从传统教室转移到在线教学是新鲜事物，缺乏实践经验，存在诸多不确定因素，需要我们做好充分的准备工作。为了保证在线教学能顺利开展，高明区提出了"课程平台构建、教师异步教学和学生交流展示"的三步实施策略，实施流程见图1。

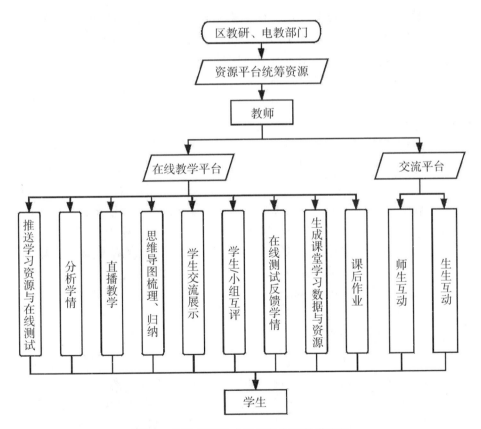

图1　基于 SPOC 支持下的在线教学流程

（一）统筹 SPOC 课程

巧妇难为无米之炊。课程资源是线上教学的基础，为中小学搭建 SPOC 课程平台是启动线上教学的首要任务。高明区电教和教研等部门联合发动全区教师制作微课资源并择优入库。其中，与电视台联合拍摄名师课 28 节，与沧江教育集团拍摄班会课 13 节，组织教研部梳理省部级优课 275 节，鼓励全区中小学教师录制微课 1818 节。通过开通高明区线上教研中心，搭建高明区智慧教研平台，为学生在家学习提供了必要的 SPOC 课程。此外，国家教育资源公共服务平台、粤教翔云数字教材应用平台、佛山"知识视图"教学平台、智学网、洋葱学院等平台，也成为了师生线上优质教学资源的有效补充。

（二）教师异步教学

SPOC 异步教学是线上教学的关键环节，我们提倡根据实际情况，让学生自主学习和课堂教师直播交替穿插进行。教师根据教导处提供的课程进度表，结合学生实际情况，自行上网学习教学微课、阅读教材，初步掌握课程知识点。教师使用 SPOC 课程平台来了解学情及进度，借助智学网、问卷星等工具在线测验自学效果。有了自主学习的基础，再结合线上测验的情况，教师可以有的放矢地进行直播授课，对重难点再次讲解或提供相应的线上优质微课，结合思维导图进行梳理、归纳，启迪学生的高阶思维，提高教学质量。

以小学数学六年级下册第 3 单元"圆柱与圆锥"为例，在传统课堂教学中，教师一般需要 5～6 课时才能完成教学任务，线上微课视频只需要 1～2 个课时就能把相关知识点讲解清楚。在直播授课过程中，结合思维导图，教师仅用 1 个课时就完成了对本单元学习内容的梳理和归纳，达成了教学任务。

直播工具方面，"钉钉"软件成为主流的选择（见图 2）。钉钉是疫情期间首个免费线上教学直播工具，也是首个支持分享屏幕、PPT 播放、学生举手发言，还能将答题卡、考勤数据一键导出的 APP。钉钉群还提供了 100G 的存储空间，方便师生共享微课、试题等资源，同时，钉钉还支持直播视频无限次回放和下载，便于学生随时复习。其便捷、完善的功能为线上直播提供了强力的支持。此外，腾讯会议、腾讯课堂、ZOOM、希沃白板 5、WeLink 等直播工具也成为了许多教师的选择。

（三）学生交流展示

时空相隔最大的困难是交流，没有现场面对面的教学让师生感觉空洞而无助。在线教学基于互联网平台实现，师生时空分离、教学分离，因此如何在线上进行有效的交流互动，是确保教学效果的关键。为了提升学生自学的效率和质量，我们以"翻转课堂"理念为指导，实行"先学后教"，在钉钉群里提前布置学习任务，明确交流展示的要求，把传统课堂的"当堂训练"改为线上

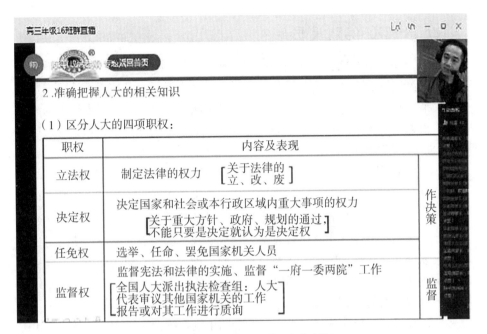

图2 高明一中陈老师使用钉钉授课

"生生互评"或"小组互评"。这些交流展示任务不但约束了学生线上学习的行为，也保证了其自学的质量。交流展示任务需要占用学生学习时间，也属于正常的学习任务。教师还把交流展示任务作为直播课堂考核评优的要素，从而调动了学生主动承担展示任务的积极性。

在交流展示过程中，教师做好引导，结合学情，多进行鼓励性的点评和补充，从而引导更多的学生参与"互评"。交流展示有两大优点，一方面给优生提供了深入学习课程、理论联系实际的机会，另一方面也让普通学生发现别人的长处和自己的不足，相互督促、取长补短。同时，"生生互评"也可以应用在单元检测的评阅过程中。例如，在处理小学数学六年级下册的一节综合应用课——"自行车里的数学"时，可以让有研究能力的学生通过亲自动手、观察、体验，解决生活中有关自行车里的问题，通过交流展示，让不同小组的成员从不同角度出发，发现自行车里的数学问题，并清晰、有条理地进行交流展示。有些小组甚至研究出了自行车在什么情况下最省力和最费力，这充分体现了学生的研究才能。在"互评"过程中，学生的表现基本达到教师预期，有些同学甚至出乎意料，给出了较为到位的点评，线上"互评"使学生的语言表达能力得到了较大的提高。

四、SPOC 实践反思

经过一年多的在线教学实践，课题组从学生成长、课堂评价和实践效果等多方面对高明区线上教学进行了分析和总结。在线教学具备完善的统计与数据分析功能，通过大数据对学生行为的记录和分析，教师可以进行更科学的教学设计，再通过合理的评价体系来强化对学习过程的有效监控和督促，达到"以评促学"的效果。

（一）提升信息素养

经过一段时间的实践研究，学生的信息技术应用能力有了很大提升，信息素养和自主学习能力得到不同程度提高。从学情反馈来看，利用 SPOC 平台的数据分析功能，可以看到学生观看学习视频个数、次数、时长以及参与讨论互动的次数等学习数据。学生每次参与直播的出勤、互动、问题反馈、作业提交及教学活动情况都不断提升。通过组织在线评测、作业、考试等方式，可以了解到学生知识点的掌握情况。学生从不知道微课是什么到熟练使用微课来帮助自己探究学习；从对在线学习平台的完全陌生到熟练使用上传、下载、评价等功能。学习成果在展示和相互评价中逐步提高，学生的信息素养能力也不断在提升。

（二）促进课堂变革

SPOC 平台对学生的考核评价，分为在线考核评价和返校后考核评价两个模块。在线考核评价主要基于翻转课堂的自主学习，其次包括线上直播学习投入度（如对出勤情况、互动情况、问题反馈情况、作业提交及教学活动参与情况进行综合评分等）；返校后考核评价包括返校后实践课程完成情况评价及终结性考试，与原考核评价系统相比，更加强调过程性考核，加大对学生学习投入度的考核比重，制定多元化的评价内容和细则化的评价方式，保证评价体系的客观性和可操作性，强化对学习过程的有效监控，实现以评促学，有效促进了高明区中小学课堂改革，提升了教学效率。

（三）促进教学反思

高明区开展的 SPOC 教学，既有线上教学，也有传统课堂教学，这种教学模式既有利于调动学生自主学习的积极性，也能带动教师对教学过程进行全方位设计。随着中小学信息化教学能力的提升，依托网络教学平台进行 SPOC 建设及探索、开展混合式教学逐渐被中小学教师所接受，并推动了教法研究及教学改革。疫情期间，部分课程以自建课程的方式，开展了基于 SPOC 的线上教学。但线上教学毕竟有别于传统课堂教学，授课教师很难完全捕捉到学生学习的实际困难。在 SPOC 教学模式中，如何对建课质量和学生学习效果进行评价是一个关键性问题,通过访问授课教师发现,有88.29%的教师希望在依托网络教学平台创建课程资源上获得帮助。SPOC线上教学既提升了教师的教学能力,也促进了教师进行教学反思。

(四) 补充课堂不足

综合全区的反馈意见,显示高明区基于SPOC的线上教学实践取得了比预期要好的教学效果:高明一中高三年级参加广州一模和燕博园考试均取得优异成绩,沧江中学附属小学使用问卷星分别对家长、学生、教师进行了调查,他们对线上教学的开展情况满意率很高,很多孩子和家长反馈线上学习效果很好。许多学校的书面总结材料显示,多数孩子能积极参加课堂,主动配合老师,积极上传作业,热情高涨。此外,教研部门也对在线学习的效果进行了调研,多数学生表示在线教学能满足学习要求,因为可以不受空间时间限制,学习形式更为自由,而且针对较难的知识点,可以重复看视频学习,学习反馈更为及时,隔着网络更加畅所欲言,参与互动更为积极,活动形式也更为多样有趣。也有少部分学生表示,由于自制力较差,学习效果欠佳。从访谈结果上看,有23%的学生认为SPOC优于实体课堂,28%的学生认为SPOC不能取替实体课堂,其余49%的学生认为两者融合是未来的趋势。此外,与全程直播相比,有86%的学生赞同SPOC教学模式,只有14%的学生希望全程直播。这说明SPOC教学模式的实践时间虽然不长,但已得到了多数学生的认可。但同时,学生们也表示,他们更希望把集中授课放在教室里进行。

五、结束语

高明区在疫情期间实施的基于SPOC线上教学与传统翻转课堂教学模式在理念上是一致的,即通过课前自主学习、教师授课和交流展示三个环节,达成教学目标。不同之处在于,疫情期间把在教室进行的教学环节改为线上直播,线上优质教学资源得到充分利用,强化了"生生互评"这一环节,让学生相互督促、取长补短,课堂反馈多维度、可视化。教师采用基于SPOC的混合式教学,将课堂教学延伸到课外,实现在线学习和面对面教学的优势的有机结合。丰富的教学资源可以满足学生的个性化学习需求,教师可以及时了解学生的学习效果和参与度。总体而言,高明区所实践的基于SPOC的区域教学平台建设与应用模式具有可复制性,能方便广大中小学校快速构建SPOC课程,突破时空限制,推动学生从"被动接收"变为"主动吸收",保证学习效果,也为后续大规模开展多样式多层次的混合教学模式提供了新的实践范式。今后,我们将继续发挥基于SPOC的混合式教学的优势,让学生得到更全面的发展。

参考文献

[1] 百度百科. 小规模限制性在线课程 [OL]. https://baike.baidu.com/item/小规模限制性在线课程?fromtitle=spoc&fromid=599393.

[2] 张龙. 区域性网络教研平台构建及应用策略研究 [D/OL]. 福州: 福建师范大学, 2009. https://cdmd.cnki.com.cn/Article/CDMD-103947011060475.htm.

[3] 吴虹. 区域性网络教研平台构建及应用策略思考 [J]. 现代交际, 2013 (11).

[4] 任彩霞. 搭建网络教研平台 促进教师专业成长——网络教研活动案例 [C] //国家教师科研基金办公室. 国家教师科研专项基金科研成果（四）. 2016.

[5] 王银, 王俊森, 杨昆, 等. 基于 SPOC + 直播的在线翻转课堂教学模式设计与实践——以《内燃机》课程为例 [D]. 湖北: 海军工程大学, 2020.

[6] 陈彦涛, 胡惠媛, 杨波, 等. UOOC 平台与腾讯课堂相结合的"在线异步教学" [D]. 深圳: 深圳大学化学与环境工程学院, 2020.

[7] 童文琴, 祁神军, 李昌锋. "互联网 + 教育"背景下线上教学模式实践 [J]. 福建生物工程职业技术学院, 2021 (19).

校本培训中的教师"自我导向"学习行为的研究

——基于珠海市校本教师培训的实证研究

珠海市教育研究院　蓝　晖

一、面临的问题

党的十九大报告提出，要培养高素质教师队伍。习近平总书记指出："要加强教师教育体系建设，加大对师范院校的支持力度，找准教师教育中存在的主要问题，寻求深化教师教育改革的突破口和着力点，不断提高教师培养培训质量。"《国务院办公厅关于新时代推进普通高中育人方式改革的指导意见》（国办发〔2019〕29号）中提出"加强教师队伍建设。……创新教师培训方式，重点提升教师新课程实施、学生发展指导和走班教学管理能力"。2019年，中共中央国务院印发的《关于深化教育教学改革全面提高义务教育质量的意见》也明确要求按照"四有好老师"标准，建设高素质专业化教师队伍，"以新时代教师素质要求和国家课程标准为导向，改革和加强师范教育，提高教师培养培训质量"。这些政策指导文件为做好校本培训的教师专业发展指明了工作思路与方法。全面贯彻党的教育方针，落实立德树人根本任务，需要以教育改革发展需求为导向，以促进教师专业发展为重点，创新教师培训方式；时代政策呼吁培养高素质教师队伍，需要高质量的教师培训。

校本教师培训是一种基于学校场所、通过学校开展、为了学校发展、教师专业化发展的研修活动。校本教师培训有两层含义：一是以地点为依据，指完全在中小学内进行的教师在职培训；二是以培训内容为依据，即促进教师专业发展、改善学校和教学实践为中心的培训。校本教师培训已成为公认的推动教师专业化的重要途径，它既是学校发展的内在需求，也是教师发展的外部推动力。在新课程改革背景下，校本培训作为学校变革的内生力量，将引领教师专业成长的途径，研究和解决教育教学的实际问题以及促进学校、教师发展。在推动教师专业发展和构建新时代课堂的背景下，急切要求学校重新组织，定位有针对性、灵活性、多样性、主体性和经济性的新型校本培训。综合近年来研究校本培训的实践和文献来看，教师校本培训虽然已经开展得比较广泛和深入，但是在实施过程中也存在着一些低效的问题，比如管理者和实施者重视程度不够，缺少专门的管理机制；学校和教师对校本培训认识不足，缺乏自主参与意识等。当前的校本教师培训，大多采用他人导向式学习，即专家教授指导下的教师继续教育培训学习，存在忽略教师是自身专业化发展主体的客观情况。于教师个体而言，专业化的发展必须要激活教师个体的自我学习行为，高效的教师校本培训需要建立在激活教师的"自我导向"培训意识的基础上。为了提高校本教师培训的效果，探索充分发挥教师"自我导向"学习主体性的校本培训具有现实的指导意义，是衡量教师校本培训质量和效果的重要指标。

二、解决的思路与方法

本文引入塔夫（A. Tough）等学者提出的"自我导向"学习概念，强调个体自我导向学习的能力和心理倾向，即成人对自己的学习负责，制定和执行学习计划、采取有效的学习策略和维持学习动机。教师的专业发展应该是教师自觉成长、主动学习的过程。它要求教师在职业生涯中培养终身学习的理念，进行自觉自主、主动发展、可持续的学习。近年来国外流行的自我导向学习十分符合促进教师专业发展的教师校本培训的要求。再综合肖国刚（2005）提出的"自主学习"培训模式，其特点就在于充分认识到教师的自我导向和自主设计的学习能最大程度发挥教师的主体作用，增强自律意识，开发自我潜能。他强调使自主学习发展出一种模式，防止教师自主学习的空泛化。本文的校本培训模式聚焦"以教师发展为本"，凸显教师的学习自主性，力图将教师职位能力要求内化成个体特征。

本文将以教师专业发展路径为线索，依托"自我导向"学习理论，通过问卷调查和访谈的实证研究，了解珠海市教师校本培训现状，分析不同层次的学校、专业化成长不同阶段的教师的校本培训需求和自我导向培训能力情况，探究教师自我导向培训能力与教师专业发展的关系，构建区域"自我导向"的校本教师培训模式。校本培训是教师专业发展的必要途径，探索"自我导向"校本教师培训意义深远，是研究教师专业发展的重要课题领域。一方面有利于"自我导向"学习理论、教师专业发展理论、校本培训实践理论的建设；另一方面，在一定程度上对区域内现有的校本培训实践进行梳理，开展相关调研，归纳总结现有问题，并立足于教师"自我导向"学习，优化校本培训模式。该模式能指导学校与教师发展实践，对打造一批有特色、高水平、出名师、育英才的品牌学校，提升西部及海岛地区教育水平，加快建设大湾区具有知名度和影响力的特色区域教育有重要的实践意义，为目前珠海校本培训存在的问题给出对策与建议。

三、具体的实践或案例

（一）研究问题

本文以教师专业发展路径为线索，依托"自我导向"学习理论，通过问卷调查和访谈的实证研究，了解珠海市教师校本培训现状，分析不同层次学校、专业化成长不同阶段教师的校本培训需求和自我导向培训能力情况，探究教师自我导向培训能力与教师专业发展的关系，构建区域"自我导向"校本教师培训模式。

具体问题如下：

(1) 珠海市教师校本培训现状如何？
(2) 教师"自我导向"校本培训能力如何？
(3) 教师"自我导向"校本培训能力与教师专业发展关系如何？

对应研究假设为：

H1：不同个人背景的教师在"自我导向"校本培训能力上有显著差异。

H2：不同个人背景的教师在教师专业发展阶段上有显著差异。

H3：教师"自我导向"校本培训能力与教师专业发展阶段之间有显著相关性。

H4：教师"自我导向"校本培训能力对教师专业发展具有显著预测力。

（二）研究对象

本文利用分层抽样法，分别选取任职于示范区学校、普通学校、西部及海岛地区的珠海市中小学老师作为问卷调查的研究对象，并选取这些学校的领导、不同教师专业发展阶段的教师代表作为访谈的研究对象。

（三）研究方法及研究工具

本文采用问卷调查的定量研究与访谈法的质性研究相结合的实证研究方法，首先根据问题现状，参考国内外相关研究成果，自行编制并以专家效度审查修订的"教师'自我导向'校本培训研究"调查问卷，通过大样本方式搜集实证资料，进行实证性统计分析，再以研究结果来推论母群情形，故采用定量研究方法；其次，为得知教师的"自我导向"校本培训能力与教师专业发展关系的深层次现象成因，以质性研究方法拟定访谈提纲，采用半结构式的质性访谈方法对学校领导、教师代表等进行访谈，更全面地收集实证资料，进行实证研究。

1. 调查问卷

本文采用的"教师'自我导向'校本培训研究"调查问卷主要参考邓运林（1992）的博士论文，整理出"效率学习、喜爱学习、学习动机、主动学习、独立学习、创造学习"自我导向学习六维度，并编制出《自我导向学习倾向量表》，综合其他学者对"自我导向"能力的一些看法和观点，通过专家效度审查修订而成。在正式施测之前先进行预试调查，在项目分析、因素分析结果的可信度和效度有保证的基础上，再进行大规模调查和数据收集，最后研究各变项间的关系。

2. 访谈

本文在完成调查问卷的施测后，进行问卷统计分析，根据获得的量化研究结果，构思并修改访谈大纲内容，拟定《学校领导访谈提纲》和《教师访谈提纲》，对本文所涉及的学校领导及教师代表进行访谈，希望能够与问卷调查所得结果相互印证。访谈以访谈大纲为搜集资料的基本架构，根据当时实际情景进行提出相关问题，由受访者提供开放式的回答。

（四）资料分析

本文采用定量研究和质性研究相结合的实证研究方法，在资料分析上也分成两部分，一部分为 SPSS 22.0 统计软件进行问卷数据的统计分析，具体包括信度分析、效度分析、项目分析、因素分析、描述性统计分析、T 检验及方差分析、相关分析、多元线性回归分析等；另一部分是通过访谈录音资料的整理编码分析资料，主要方式是归类，根据访谈目的采用类属分析，按照主题分成类别，在资料中寻找反复出现的现象及可以解释这些现象的重要概念，为了更清晰地显示访谈录音资料的特征，对录音资料进行命名，比如受访学校领导用"L"指代，受访教师用"T"指代，访谈问题用"LQ"或"TQ"指代，例如，"T2 – TQ3 – 1"表示对教师 T2 进行 TQ3 问题访谈时所获得的资料。

（五）研究框架

教师"自我导向"校本培训模型见图 1。课题总体方案见图 2。

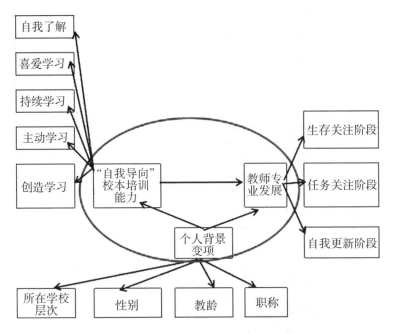

图1 教师"自我导向"校本培训模型

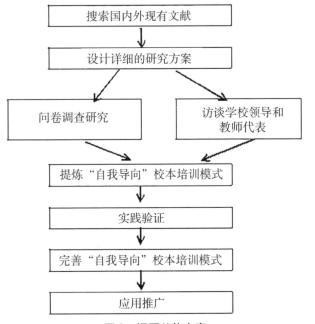

图2 课题总体方案

第三篇 学校校本研修模式

循证取向的"主题·驱动"校本培训模式研究

江门市蓬江区教师发展中心　黄肖慧

中共中央国务院《关于全面深化新时代教师队伍建设改革的意见》指出,要全面提高中小学教师质量,建设一支高素质专业化的教师队伍。新一轮课程改革以来,校本培训在教师队伍的高素质发展的征途上发挥了积极的作用。然而,随着时代的发展与改革的推进,中小学校本培训的外部环境和内生需求发生了重大变化,校本培训在实践中出现了许多问题。

一、现实困境:培训、教学"两张皮"问题

(一)校本培训是施训者的"单向输出"

通过文献搜索发现,现行校本培训的研究集中在校本培训的定义、类型、模式和与其他培训的比较上,而对教师参与各项培训的发展需求和主观能动性,却少有涉及。现有培训大都采用"传授—接受"的范式进行,如专家学者报告、教学观摩、教学经验介绍等,一线教师作为学习者往往没有介入培训之中,专家所传授的理念、优秀教师展示的技能,有多少得以有效内化为教师的专业素养和教学行为,鲜有数据为证。

(二)培训内容是常态化的"流水产品"

目前的校本培训,主要以讲座、听课、公开课研讨、远程培训等形式为主,大部分培训内容与教学方法策略相关。不少学校把校本培训等同于学科教研组活动,做成了常态化的备课、上课、评课交流活动,缺乏顶层规划和计划,没有延续和深化设计,主题式、问题式的持续培训较少。人有我有的"流水产品"培训,通常是散点式、片断式的培训突击,并没有从根本上切实满足一线教师的需求,对教学的提高效果也很有限。调查表明,教师更希望参与理论联系实际、真正触及专业成长需求的主题学习,并在专业引领下广泛交流学习心得,通过深入交流,查漏补缺、反思总结,进而提升专业素养。

(三)校本培训使受训者"消化不良"

目前,多数小学的教师校本培训不如人意。据教师反映,实践性的培训看似容易模仿,但移植到教育实践时,却变成"照葫芦画瓢""形似神不似";而专家学者的理论性培训,集高度与深度于一体,往往又变成"雾里看花"

"不得要领"，培训的效果往往呈现为受训者的"消化不良"。校本培训重点在于解决更新教育教学观念，优化教学行为，培植校本培训文化等问题，在促进"专业理论"与"教学实践"有机互动方面，还存在较大的改进空间。

（四）校本培训评价滞后或缺位

校本培训的反馈评价滞后或流于形式，是不争的事实。事实上，如果不做好后期调查，关注培训教师的实际成长，培训效果就难以得到保证。加强对"培训前后工作表现变化"的关注，实施由基于主观经验的实践转向基于客观证据的实践，建构教师专业能力引导过程和教学行为干预机制，使校本培训成为推动教师成长、学校发展的重要手段，因此完善评价机制势在必行。

现行中小学校本培训中存在学校管理者重视程度不够、对教师的需求关注不足、缺乏问题意识、偏重主观经验、教师积极性不高、评价体系缺乏等问题，制约了校本培训的有效性。21世纪是终身学习的时代，校本培训将成为教师终身学习的重要平台。因此，迫切需要寻求校本培训的优化路径。

基于以上分析，本文立足基础教育，针对小学课程改革的机遇与挑战，在借鉴其他学者对"中小学教师校本培训模式"的研究基础上，通过剖析江门市蓬江区50所小学的校本培训工作，根据校本培训的内容、方式、机制、策略等，找出学校存在的个性问题和全区的共性问题，深入分析原因，提出对策建议。以蓬江区为蓝本，开展循证取向的"主题·驱动"校本培训模式研究，设置教学联系本土文化的主题培训课程。以"主题+课题"规范培训的内容与形式，以基于教育教学数据分析的评价机制和"培训生态场"的建立驱动培训效能，让校本培训赋能教师专业发展再上新台阶。

二、理论建构：循证取向的"主题·驱动"校本培训的内涵和特征

（一）内涵界定

1. 循证取向

"循证"一词译自英文"evidence-based"，它的语义解释是"证据本位""基于证据"。循证最早出现在医学领域，其基本理念是"遵循证据进行治疗的医学"。之后，循证理念形成了一场循证实践运动，陆续有专家学者开始关注到循证理念，并呼吁教育研究和实践也应该在证据充分的基础上进行，由此衍生出了"循证教育学"（evidence-based education）。崔友兴认为循证教学是指教学要以满足学生的学习愿望为教学的出发点和归宿，同时应用当前所能获得的最好的教学研究证据，结合教师个人的专业素养和教学经验以及学生的独特个性和实际情况进行教学。

本文以循证理念为导向，研究如何使校本培训决策基于证据、基于准则，使

培训反思基于过程、理论基于实践、培训基于教师。

2. 校本培训模式

综合诸多学者的观点，笔者认为校本培训是为了满足学校和教师的发展，以学校为基础，在真实的教育教学情境中解决问题，提高教师教育教学能力的一种重要活动方式。

校本培训模式是校本培训和培训模式相结合的概念，指学校根据教师专业成长目标设计的培训范式与操作体系。校本培训模式是一座桥，沟通了宏观的中小学教师继续教育模式和微观的教师培训方法，有明确的操作范式和科学的思维方法。

3. "主题·驱动"校本培训模式

要实现教师真正的专业发展，应结合学校的独特情况和发展特色，即"一校一案"，它指向因材施教，是处方式培训。本文所指的"主题·驱动"校本培训模式，对应不同的学校，有不同的模式。

"主题"指研修主题、培训聚焦的中心议题，"驱动"指以问题为导向进行评价和跟进，通过校内学习共同体、教育专家团队、区域内优秀学校团队三方联动，建成"培训生态场"，驱动"专业理论"与"教学实践"之间的有机互动。"主题·驱动"校本培训立足于课堂实践，从教师的需求出发，着眼于教师发展中面临的各种实际问题，培训过程就是通过"发现问题—解决问题—再发现问题"来提炼研究主题；通过建立校内学习共同体，外聘教育专家团队，结盟区域内优秀学校，在三方协同驱动下实现教师的专业发展，进而促进学校发展。

4. 循证取向的"主题·驱动"校本培训模式

总的来说，循证取向的"主题·驱动"校本培训模式，就是以"主题+课题"规范培训的内容与形式，以基于教育教学数据分析的评价机制和"培训生态场"的建立驱动培训效能，在"问题"导向中激发学习动机，在团队建设中增进协作交流，促进学习型组织、学习型教师形成的培训操作范式与思维方法。（如图1所示）

图1 循证取向的"主题·驱动"校本培训示意

(二) 特征意涵

1. 客观性与主观性

客观性是指校本培训的内容是客观的培训实践活动，涉及校本培训的目的、对象、过程以及评价等。主观性是指校本培训过程是教师主体对培训实践的主观反映，蕴含着教师主体的经验、观点。教师主体的素养，尤其是精神境界、思维品质、人格特质与性格倾向等，也是影响培训成效的重要因素。循证取向的"主题·驱动"校本培训，是客观的循证培训活动在主体观念中的反映，体现了客观性与主观性相统一的特征。

2. 个体性与差异性

循证取向的"主题·驱动"校本培训，在一定程度上体现了个体性和差异性。"主题"是结合学校的独特情况和发展特色、结合本校教师的教学困惑提炼而成的研训主题，它注重因材施教，是处方式培训，即"一校一案"，有个体性。在培训过程中，内容会受到主体的经历、经验、理念和综合素养等因素的影响和制约，反映出特定培训主体的认识水平，如新教师、骨干教师、名教师三个不同的群体所呈现的认识水平，又如区直学校、镇街学校等不同地域学校教师群体所呈现的认识水平，均存在着一定程度的差异。因此，循证取向的"主题·驱动"校本培训体现出一定的多样性特征，差异性和个体性并存。

3. 融合性

循证取向的"主题·驱动"校本培训具有融合性。融合性是指科学证据与实践智慧的融合、实践与研究的融合。人们经常对循证实践有一种误解，认为循证只能依托研究证据，尤其是经过随机实验、准实验或运用统计方法的相关研究所形成的证据。实际上，教师是自身教学实践的研究者，是教育领域中研究证据的生产者。循证取向的"主题·驱动"校本培训并不排斥教育者的教学经验和实践智慧，实践经验具有情境性特征。将基于数据分析的研究证据和教育者的实践智慧结合起来，才能使培训效果相得益彰。同时，循证取向的校本培训不仅主张培训的过程要生产数据、分析数据，也强调对数据、证据的使用，以形成新的研究证据和实践智慧。

三、实践突破：循证取向的"主题·驱动"校本培训研究成效显著

（一）研究结论提炼

1. 循证准备

参训教师要先完成校本培训的情况调查和个别访谈。培训员通过研读教材、查阅课标等相关文献资料，认真分析教学内容，结合调查和访谈结果，找准教师主题培训学习切入点，提炼成主题，使校本培训有证可循。

2. 过程循证

教师参与校本培训的过程是获取证据、分析证据、评价证据、应用证据的过程。获取证据的过程包括：培训员通过对教师调查问卷及访谈的数据进行分析、提炼，了解教师的专业发展需求及教学能力；课堂观察员记录学生学习情况、教师教学行为情况，为调整教学设计积累原始数据。分析证据、评价证据的过程包括：在评价反思的阶段，聚焦主题研修问题单，基于课堂观察数据，由教育专家团队、区域内优秀学校团队引领参训教师进入、表达、提升；在自由、自主、平等、公开的对话空间中分享智慧。应用证据的过程包括：教育专家聚焦主题问题，从参训者"碎片化"的语言与思维中捕捉和概括主题相关信息，加以理论归纳与提升，帮助教师厘清概念、提升技能；参训教师基于第一次实践的数据分析、发现的问题、专家归纳的观点进行反思，提出新问题，并进行二次实践。

3. 诊测循证

为推进"一校一案""一师一课"，培育、推广优秀校本培训成果，打造新课程校本教研实施示范校、示范科组、优秀片区教研员，发挥示范引领作用，从循证角度制定星级教研组评价机制和星级教研员评价体系。评价制度的完善明确了校本培训的方向与操作，引领教师队伍快速成长，有效撬动了校本培训实践的纵深推进。（见表1和表2）

表1 江门市蓬江区中小学星级教研组评选细则

一级指标	二级指标	考核内容及加分标准	分值	自评	总评
基础性目标（50分）	教研落实	根据现状分析制定学期教研计划，画出行动路线图，计4分；按计划开展教研活动，有活动记录，计2分；教研总结有亮点，有反思，改进工作思路，计3分。	9		
	教研活动	至少每两周开展一次教研活动，有主题、有主持人，教研风气浓厚，教师参与率95%以上，计5分；集体备课有实效、有记录，计5分；教师每学期每人听课不少于15节，中层领导每学期每人听课不少于20节，计5分；开展"双减"作业设计研究，有实效，计5分。	20		

续表

一级指标	二级指标	考核内容及加分标准	分值	自评	总评
	团队发展	有教师专业发展计划，分层推进教师专业发展，体现梯队培养，计8分；有"师徒结对"制度，有听课、评课记录和青年教师成长记录，计7分。	15		
	资源建设	重视教学资源开发，有学科教学资源管理机制，有精品教案、教学反思，形成校本资源库，教研组形成丰富的可共享教学资源，计6分。	6		
发展性目标（50分）	教学实绩	重视学生全面发展，有学科过程性评价体系，计8分；学科教学质量增量稳步提高或保持区域内平均水平以上，计12分。	20		
	课堂监控	区发展中心随机深入课堂听课，达标每节得2分，优秀每得3分，不达标的不得分。	9		
	学科比武	(1) 学校组建支撑团队，为教师提供人力、物力上的支持，计3分； (2) 教师获镇级一等奖得2分，获区级一等奖和二等奖分别得4分和3分，获市级一等奖和二等奖分别得5分和4分，获省级或以上奖励得6分。	9		
	教研交流	探索教学评一致性的有效教学，落实"三联系·四到位"目标教学，提高教学设计水平，在片区或全区范围内作成果分享得4分，市级以上得6分。	6		
	成果获奖	教师在市级或以上杂志发表文章，每篇得3分。教改成果获区级奖励得3分，获市级以上奖励得6分。	6		
共100分		合计			

表2　江门市蓬江区星级教研员评审办法

指标项目		星级评审
必达指标	1. 遵守教师职业道德规范，为人师表。教育、教学、管理等工作任务尽职尽责，无责任事故。此项属于一票否决类指标	申报星级教研员任职期间须在达到必达指标的基础上，达到以下标准： 一星级教研员：区教研员"发展性指标"第6—9项均完成区级以上目标；片区教研员第6项完成片区以上目标，第7—9项均完成区级以上目标。 二星级教研员：任教研员1年以上，"发展性指标"第6—9项完成2个区级和2个市级目标。 三星级教研员：任教研员2年以上，"发展性指标"第6—9项完成1个区级和3个市级目标。 四星级教研员：任教研员3年以上，"发展性指标"第6—9项完成4个市级目标。 五星级教研员：任教研员5年以上，"发展性指标"第6—9项完成2个市级和2个省级目标，并且达到"突破性指标"要求。
必达指标	2. 执行力强，落实岗位职责，服从上级领导分配的各类任务，保质保量地完成	
必达指标	3. 落实"师徒结对"，有"传、帮、带"等培养青年教师的对象，有计划安排、听课记录等	
必达指标	4. 按照教研机制定期组织教研活动，有主题，准备充分，教研风气浓厚，教师出勤率高，有听课、说课、评课制度	
必达指标	5. 为区域教师专业发展搭建平台，支持教师参与各类专业发展活动，确保区域学科教师学科专业发展的机制有效。区级教研员每学期组织开展区域性培训活动、专题讲座；片区教研员每学期组织开展片区内培训活动、专题讲座，带头上公开课	
发展性指标	6. 个人教育教学理念先进，专业素养稳步提升，深入命题研究，形成个人教学模式；教育教学成果等在片区级以上分享，且有显著教学效果。公开分享级别为片区级、区级、市级、省级，形式为公开课、讲座等，时间不短于1课时	
发展性指标	7. 积极带头参与课题研究，带领区域教师"以研促教，以研优教"，学科教研氛围良好。正规课题在区级、市级、省级立项，并积极将课题成果在区内、市内、省内推广。在认真反思实践经验基础上，带头撰写论文、参赛并公开正规发表。发表论文一般期刊1篇以上，或论文获区级、市级、省级二等奖以上	
发展性指标	8. 教学业绩优秀，学校本学科星级科组，建设有成效；教学质量达到三年行动计划目标	
发展性指标	9. 培养人才，搭建梯度专业团队，组织研究的实施，负责学科的教师专业素养稳步提升，在各级各类业务竞赛中辅导学科教师、学生获区级、市级、省级一等奖以上	

续表

指标项目	星级评审
突破性目标	10. 形成鲜明的教育教学风格，并应用于区域教育教学管理中，推广成效明显，出版个人专著。自主开设面对全区的大型主题讲座 2 场以上，通过非行政任务方式对外开讲，教师自愿报名参加，人数须达到 200 人/场（主题须综合性强，多学科教师参加）	

（二）实践效果显著

在研究过程中，参训教师逐渐转变教育教学观念，大胆尝试，在实践的基础上，教师队伍的教育教学综合能力不断提高，呈现出三大转变：由碎片化学习向结构化学习转变，由被动学习向主动学习转变，由模糊的学习向可见的学习转变。（如图 2 所示）

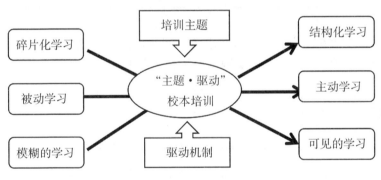

图 2 "主题·驱动"校本培训

1. 参训教师在论文发表和业务竞赛活动中成绩显著

近两年，参训教师撰写的课题论文、教学案例、课堂实录等，在专业期刊上发表论文 40 多篇，在各级各类教学竞赛、论文评比中，获得区级以上奖励 200 多项，其中市级以上 140 多项。在该年度广东省中小学青年教师教学能力大赛（江门决赛）中，小学组 11 个学科的第一名由 9 个蓬江区的选手包揽，赢得代表江门市参加广东省级比赛的资格；在省级比赛中经历激烈的角逐，取得了 4 个一等奖、4 个二等奖的优异成绩，展现了蓬江区小学青年教师过硬的综合教育教学能力。

2. 参训教师的教学观念、教学行为全面更新

教师们的教学行为明显改善，由单纯的知识技能传授向综合素养培养转

变；在课题研究过程中，教师养成了自觉反思、自我提升的习惯，由经验型教师向反思型教师转变。

近两年，蓬江区小学教师队伍中，共有3人被评为广东省百千万名教师培养对象，5人被评为江门市名教师培养对象，6人被评为蓬江区名教师工作室主持人，30人被评为蓬江区名教师、学科带头人，80人获区级以上荣誉称号。

3. 参训教师所在班级学生的素养测试成绩进步明显

本文选取了实验班与对照班为研究对象，以小学数学学科为例，将实验前期与实验后期两次素养测试成绩的得分率进行比照，情况如表3所示。

表3 实验前期与实验后期素养测试成绩的得分率比照情况

分类	实验班			对照班		
	知识技能	数学思考	问题解决	知识技能	数学思考	问题解决
实验前	72.5%	32.6%	44.7%	70.2%	13.3%	53.4%
实验后	89.7%	40%	45.2%	72.8%	14.2%	52.6%

实验班学生在知识技能、数学思考、问题解决三个维度的发展有一定进步。而对照班学生在这三方面的测试中无显著变化。

四、策略优化：循证取向的"主题·驱动"校本培训模式研究的操作策略

（一）营造一个"场"：形成校本培训的最大合力

目前校本培训中施训者主控现象比较普遍，即以教为中心而不是以学为中心，施训者拥有话语权，培训过程中"独白"现象明显。"共享价值观、和谐的同侪关系、教师合作以及去行政化、等级化"，是教师专业学习共同体的核心要素与标准。营造校本培训"生态场"，实质在于施受双方在对话中贯彻意义的建构，由"独白"转向"对话"，由"主控型对话"转向"互动型对话"。

通过专家指导引领、实践观摩、个体反思、同伴互助、成果分享、制度保障等系列操作，打造共同支配对话的形式和内容，引导参训教师积极思索，增加话语量和话语权，改变被动接受的状态。参训教师不再停留于模仿、参照资深专家学者的教学示范。资深教师、专家不仅仅致力于指导青年教师的教学技能提升或理念更新，而是聚焦教育本质、围绕学科热点等核心主题，在相互尊重与信任的基础上进行充分的思想碰撞与深度对话，形成基于"培训生态场"的教育理解与教学实践。

（二）建立三项机制：驱动校本培训有序推进

1. 片区培训机制

分片研修机制能够在一定程度上解决校际交流不足、教师积极性不高、缺乏专业引领者和示范者的难题。我们将全区小学按照区域划分为8个片区，每个片区确定带头学校和成员学校，每个片区从骨干教师队伍中选聘一位片区教研员，形成教研员、片区教研员、带头学校、成员学校四级网状培训模式。通过区发展中心引领、片区组织、学校参与的结构带动，辐射区域内教师队伍，形成良好的培训常态，从而保证校本培训的质量与效果。

2. 主题研修机制

通过随堂听课、问卷调查、随机访谈等方式，对教育教学现状进行初步诊断。在现状诊断的基础上，引导教师提炼确定主题，如"如何引导学生深度参与学习""如何培养思维品质""双减背景下的课堂教学设计"，选取典型课例作为载体，通过课例再现教学问题的发生与教学决定。以典型课例为抓手，在具体课例中研究有效的课堂教学模式。以典型课例形成规范的教学流程，积累教学资源，构建教学评价体系，在总结经验的过程中形成主题教学的策略与方法。

3. 星级评价驱动机制

为评价教研过程、落实培训工作实效，充分调动教师参与校本培训的积极性，促使教学教研工作上新台阶，制定星级教研组评价机制和星级教研员评价体系。依据《蓬江区中小学星级教研组评选细则》进行评分，评选出星级教研组。根据《蓬江区中小学星级教研员评审办法》评定一至五星级教研员。充分发挥以评价驱动教研、以评价促进培训的积极作用，实现教、学、评一体化。

（三）解决三个问题：驱动校本培训深度推进

1. 让校本培训融入教师的专业生活方式

教师是培训中的参训主体，也是课堂中的施教主体，他们在培训过程中的参与程度直接影响了课堂施教质量的高低。因此，本文旨在通过"主题·驱动"校本培训模式的实践，让参训教师达到观念上的认同、行为上的坚持，将校本培训融入教师的专业生活方式。主要途径包括定期组织外出聆听专家讲座、学术文章的阅读与分享、专题讲座与研讨、主题教研活动与交流，让参训教师在浓郁的学习氛围中浸润新课标理念与课程目标，让先进的教育教学理念深入人心；通过备课磨课、评课辩课、经验分享等方式，促使参训教师们的课堂教学行为不断优化；通过定期征集阶段性研究成果，撰写教学案例、教学反思等方式，促使教师们坚持实践，不断提升。

2. 提升校本培训中教师参与的"热度"和"深度"

（1）提升教师参与校本培训的热度。在校本培训推进过程中，充分考虑到全区的教学研究现状，在划分片区时兼顾各区域的省级教学能手、学科带头人的数量，均衡分布。充分发挥各级各类学科骨干体系在片区培训实践中的引领作用，兼顾各片区领头学校的带动实践能力及优秀骨干教师的参与热情，使校本培训成果能实践、能反馈、能迁移、能再造。做到每个片区有专家引领，有同伴互助，有自我反思，遇到了问题能及时得到指导，从而激发广大教师的热情，提高参与度。

（2）提升教师参与校本培训的深度。"主题·驱动"校本培训的实施路径包括现状诊断、提出问题、研训互动、评价反思、理论提升。反复打磨的精品课例，都是通过观摩执教教师上课、说课和自我反思，教学名师站在课堂观察、数据分析、教学理论引领的专业高度对课例做精准点评，课堂观察教师做课例分析等环节来展开。在这个过程中，参训教师能立体地感受一节精品课的打磨过程，知道教学过程中教学活动设计的设想和依据，体会学生遇到困难的背后潜藏的教育原理，或者出现问题时如何合理取舍、灵活应对，实现由研究一节课到研究一类课的转变。

3. 实现"外化于形"向"内化于心"的转变

本文追求校本培训的实效，不是以行政推进的方式强制教师专业成长，而是让参训教师发自内心地表示"我要成长"。"决心从一年做一次法国大菜的教师，变成每日三餐过问柴米油盐并能做出来美味佳肴的教师；决心把那种期待学生会发生戏剧性变化的教学转变为不间断的可持续培育学生的教学。"

教学反思是校本培训的重要一环。通常采用的方法步骤为"一课一评一案例、一思一议一心得"。采取边研究、边实践、边反思的形式进行课例研磨，一课多上、一课多反思，以反思促进教师专业成长。具体分为以下三个阶段：第一阶段，自主研讨课，教师根据主题，反思交流，互动点评，课例诊断；第二阶段，同课异构、同课同构，感悟对比，互动点评，案例诊断；第三阶段，二次反思，主题跟进，深入研讨，迁移类推，梳理概括，最终实现将培训研修中的成果转化为课堂教学的艺术。（如图3所示）

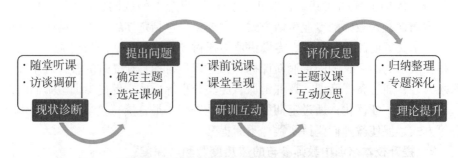

图3 "主题·驱动"校本培训实施路径

（四）流程优化：促进校本培训的迭代更新

以问题导向为逻辑起点，以促进教师的专业发展、促进学校整体发展为目标，通过创设校本培训的良好氛围、优化校本培训策略、提升校本培训实效，提出迭代更新的培训操作范式，为开展义务教育阶段的教师校本培训提供案例参考。流程如下：

（1）现状诊断。专家团队介入，深入一线课堂诊断存在的教学问题，找准教师主题培训学习切入点。

（2）主题聚焦。针对课堂诊断梳理出的教师培训学习的真实需求，通过网络或座谈等互动交流方式，对培训内容、主题目标等加以论证，形成问题或主题。

（3）资源搜集与开发。制作"主题·驱动"学习单，促进参训教师自主先学，走向聚焦主题的教学思考。

（4）课前说课。课前案例课由执教教师说课，让所有参与者知晓案例课环节设计意图。教师的说课更加聚焦培训微专题的理念运用和主题设计思路，帮助教师理解和把握主题理念、知识、技能、技巧在课堂的落实。

（5）课堂呈现。参训教师带着任务及聚焦主题的研修问题单走进真实的体验课堂，引导教师在真实课堂情境中学会观察课堂，以数据记录课堂。"以课领训"，关注在真实课堂情境中，学生的学习状态和教师对生成性资源的把握与运用。通过观察和捕捉信息资源，触发深度思考，激发参训教师在议课环节中的表达意愿。

（6）分组主题议课。校内学习共同体、教育专家团队、区域内优秀学校团队，三方共同参与。小组讨论聚焦于主题研修问题单，基于课堂观察数据，由教育专家团队、区域内优秀学校团队引领教师进入、表达、提升；充分发挥组内成员的个体智慧，突出一线教师的"碎思维"和"微语言"，强调自由、自主、平等、公开的对话。坚持参与培训学习的每个人都是智慧的分享者，更是智慧的贡献者。

（7）智慧共享。小组交流结果由小组团队集体归纳概括，由小组代表将集体智慧加以呈现，展开组际之间的交流对话。区域内优秀学校团队对每个组的发言加以总结、概括、凝练，提供方向性引导，力求通过小组互学探寻出主题对教学本质的理解和追求，让教师的思想在质疑和碰撞中得到进一步提升，使教师的思维在交流和启迪中得到不断拓展。

（8）理论提升。一是在小组汇报展示过程中，教育专家团队聚焦主题，从参训者"碎片化"的语言与思维中捕捉和概括主题相关信息，加以归纳与提升，帮助教师厘清概念、提升技能。二是由区域优秀学校团队展开微专题讲座，驱动主题理论学习与实践深化。

（9）反思与再实践。基于第一次实践的数据分析和发现的问题进行反思，提出新问题，并进行二次实践。

五、研究展望

在研究过程中，不同程度地暴露了校长专业领导力疲软、教师教学知识结构不良、专业成长意愿不强等现实问题。下一阶段，我们将通过加强利用平台大数据对参训教师的培训情况进行统计，客观科学地评价教师的过程学习，基于教师的教学行为监控、教学反思、教学诉求，来调整下一阶段的培训计划，切实解决培训与教学"两张皮"的问题。

循证取向的"主题·驱动"校本培训，体现了教育行政部门、学校对教师作为主动学习者的尊重，以及对教师专业发展需求的关注，更激励了施训部门持续探索满足个性需求的培训项目和培训方式，助力教师从"被动受训"走向"主动学习"。

参考文献：

［1］谢志海. 教师培训专业化建设存在的问题及策略［J］. 新课程研究，2018（11）：3-4.

［2］崔友兴. 循证教学研究的现状、问题与展望［J］. 海南师范大学学报（社会科学版），2018（1）：82-90.

［3］周加仙. 教育神经科学视野中的循证教育决策与实践［M］. 北京：教育科学出版社，2016：19.

［4］Loughran J. J., Hamilton M. L., Laboskey V. K., et al. International Handbook of Self-study of Teaching and Teacher Education Practices［M］. Netherlands：Springer Dordrecht，2004：142.

［5］王晓芳. 什么样的"共同体"可以称作教师专业学习共同体［J］. 教师教育研究，2014（4）：16-22.

［6］李季湄. 译者序［M］∥佐藤学. 静悄悄的革命［M］. 李季湄，译. 长春：长春出版社，2003.

指向教师课程实施力的校本培训路径研究

中山市教师发展中心　陈雁玲

课程是对教育目标、教育内容、教学活动方式的规划和设计，是教育思想的重要载体。课程实施是学校教育目标与价值实现的渠道和依托。目前关于课程实施的界定主要有两种：一是课程实施是将预期的课程方案付诸实践的过程。这里的课程包含国家、地方、学校、课堂等各个层面。二是对课堂教学的研究，认为课程实施即教学，是课程计划的实施过程。本文将课程实施界定为第二种观点。

当前，"学校改革研究的重心发生了变化，先前的研究比较重视课程的编制与评价，现在的研究更侧重于课程的内容在实际的教育情境中所发挥本身作用的程度，甚至也开始关注教师在实施过程之中的情感、行为活动等；学校要实现结构制度上的改革，必须要先从它的内部开始，从具体的运作上做出某种改变"。因此，在正式课程与实践课程的转变过程中，教师起到了举足轻重的中间作用。可以说，教师对课程的理解、认识以及对学校课程实施的整体把握水平，直接决定了学校教育教学质量。因此，切实加强教师课堂教学水平，无疑是提升教师课程实施力的关键。

课程实施力是课程实施强度、范围以及影响力的表现。教师课程实施力是教师在教育理念的引导下，通过各种方法和途径，贯彻执行国家课程、地方课程或校本课程的能力，既表现在传统意义的课堂上，也表现在由教师组织或引导的课外实践活动中。本文的教师课程实施力指教师在课堂教学过程中的能力，包括针对教学难点问题的理解力；针对课堂教学艺术的执行力；针对学习关系优化的协作力；针对思维方式拓展的反思力。

现有的相关研究文献，对教师课程实施力缺乏系统性的认识，对其培养路径的研究依然定位在传统的理念层面，显然无法满足课程改革对教师课程实施力的新要求。

在课程实施过程中，每一位教师都会面对比以往任何时候更多的问题、更大的挑战。这些问题，任何专家都不可能给出现成的答案，任何的理论也都不是灵丹妙药。因为真实的教育现象和问题无法事先预设，它们只能在教育教学实践中生成。因此，这些问题在很大程度上带有情境性和偶然性。教师在课程实施中遇到的问题，只有具体问题具体分析，才能得到有效解决。在这方面，校本培训能够很好地发挥作用。从理论上讲,校本培训是由学校发起、组织和规划的一种教师培训模式,突出学校对教师发展的价值,强调培训重心下移、阵地前移,强调教师在教—学—研一体化中主动参与,不断解决教育、教学实践中的问题。

校本培训能让教师在情境化的具体教育实践中观察和体会到学生的学习成效,有益于教师转变课程信念;校本培训中教师知识的获得,特别是实践性知识的不断丰富帮助教师提高课程实施力;校本培训通过持续的校内研讨和学习,充分调动教师的积极性,让教师积极投入到课程实施中去。

理论上说,校本培训应该是培养教师课程实施力的有效方式,但在实际运用过程中,校本培训因其培训时间的全程性、对象的全员性和开展的日常性,往往沦为不受重视的常规形式。不少学校依持"校本培训"转嫁或推卸对教师培训的责任,让学校和教师放任自流。

当前,学校开展校本培训主要呈现两种趋势。一是由上至下规定培训主题,如"课堂教学言语分析""提高课堂教学的有效性""开发学科教学资源"等。这些主题往往过于宽泛,因无法聚焦具体问题而导致校本培训流于形式,无法引起教师的研究兴趣而成为浮光掠影,收效甚微。二是"就课论课",研讨培训的主题不明确。课后研讨时容易出现研讨泛化、缺乏针对性的局面。

无论是哪种趋势,实际的校本培训都主要以同课异构为主(往往是新教师加老教师的组合)。在实施过程中,教研组或备课组带队教师虽有着丰富的实践能力,但往往缺少实践智慧,既感受不到观摩课的亮点与精彩,也诊断不出课堂教学中存在的真实问题。因此,学科教师不能得到有效的指导。缺乏专业化指导的校本培训是低效盲目的,即使教师实践了很多,也未必会有收获。

因此,开展校本培训路径研究,探索教师课程实施力提升的有效路径,成为解决困难、提高成效的应有选择。

一、发现真实问题与需求

校本培训主题应来源于真实课堂教学中亟待解决的真实问题,从课堂教学的细处、实处、小处捕捉问题,选取具有操作性强、具备研究条件的内容"小题大做",彻底、全面解决该问题后再研究其他问题。如前文提到的培训主题"课堂教学言语分析"指涉不明,范围太大。如果聚焦于"课堂中教师的评价话语"就能增强研究主题的可行性。事实上,课堂教学问题的解决过程就是教师教学知识的积累过程。

需要特别指出,校本培训主题的选择,一方面既要有学校整体的思考与规划,突出教育教学整体发展方向的共性,也要关注教师在专业成长和课堂教学中因人而异产生问题与困难。另一方面，校本培训主题的选择必须让教师有新鲜感，使他们愿意主动去尝试，比如围绕课堂教学的内容可以通过多个系列的主题去进行，包括课堂导入艺术、课堂的提问艺术、课堂的收尾艺术、作业的布置与拓展技巧等。这些主题每个都可以独立进行设计和开展研讨，但又彼此关联，每个不同的主题既能给教师新鲜感，又可促进教师课堂教学水平得到系统提升。

总体来说，指向课程实施力的校本培训强调从课堂教学亟待解决的真实问题出发，以问题为主题，通过"教学设计—试教行为跟进—交流反思—改进教学设计—再次试教行为跟进—聚集研讨反思—总结提升"循环往复的连续过程，帮助教师发现教学问题，改进教学问题，提高课程实施水平。

这个过程既需要时间上的持续跟进，也需要研修共同体互相打破地域界限，在集体备课、交流沟通上形成合力。因此，过去单纯依靠学科专家、同伴互助或自主研修方式开展的校本培训并不是最理想的方式。

如果能够整合三者的优质资源，打破以学校为单位的校本培训组织形式，打破校际研修界限，形成以基地校学科骨干为主体、学科专家为辅的研修团队，是否可以走出一条新的校本培训路径呢？

2020年，中山市教师发展中心制定了《中山市中小学教师发展示范学校管理办法》，先后遴选了25所在校本研修、教师研修、师资培养、队伍建设等方面具有优势、可形成示范引领作用的教师发展示范学校。我们摒弃了过去三级研修网络中镇/区级教育事务指导中心的虚位，形成由"市—教师发展示范学校—帮扶学校"构成的新三级研修网络（每所示范校至少帮扶2所薄弱学校）。教师发展示范校上承市教师发展中心，下接帮扶学校；学科骨干上承市学科专家（研训教师），下接学科教师。

在教师发展示范校中选取同类优势学科代表校参与学科课程实施的校本培训项目实践，不仅给予专家资源、培训经费的支持，也通过召开现场会等方式发挥其辐射带动作用，助推区域内校本培训进程。

学科专家走进教师发展示范校、走进教学课堂，带领学科骨干团队，聚集教学实践疑难问题，落实行动改善。校本培训能否真正发挥长效作用，最重要的是学校能否发挥主动性。因此，学科专家在加强教师课程实施力的校本培训过程中，要始终助力学校学科骨干团队掌握校本培训实施的能力，增强学校自主发展的能力。

根据教学逻辑分析，教材只是教师实现教学目标的一根拐杖。如果教师发现教材无法满足教学目标的需要，大可以结合学生现状进行补缺、发展或创造。

这个过程中，培训者无须试图教导教师一些教材论原则，或者如何使用这些原则去解决教学设计的问题。因为教师对教材与学习的信念是倾向于自我永存的。培训者在进入教师真实问题场景后,应以自身行为为例,向教师演示具体、可操作的教学实施,借助真实场景实现高效培训。因此,基于相同问题解决的培训者与教师的同标(目标)异构就成为下一阶段的实施路径。

二、观摩:针对课堂教学艺术的执行力

同标异构是不同教师围绕同一教学目标开展的课堂研究。在这个过程中,培训者要做一个既能站在高处又能落在实处的研究者与实践者。培训者应以自身鲜活而有力的探索为教师提供样本,提供让他们揣摩的案例。因此,同的是教学目标,异的是教师,即培训者和教师。

课前,每一位参加集体备课的教师应对下次展示课要解决的教学目标做好提前预习、提前思考,承担教学的教师及备课组要认真思考,对展示课做好充分的预设。由于是同标异构,研究素材比较丰富、对比比较明显,容易引发教师的思考,为教师深入研究提供了很好的平台。

在校本培训中,对培训者等优秀教师的课堂教学活动进行观摩和分析,是一种行之有效的学习方式。从积极层面来看,一线教师往往具有扎实的实践和丰富的经验;从消极层面来看,作为成人的一线教师也具有表层学习、思维定式等行为特征。在观课过程中,所有教师应该从"问题解决"的视角进行课例观摩,即教师的教学设计是否帮助学生解决了预设的问题?培训者基于课例的现场展示与说课设计可以助力突破教师"知其然而不知其所以然"的表层学习。培训者借助真实教学场景的剖析,帮助教师打破自身思维定式,帮助教师丰富自身知识结构,提高教师校本培训效率。

三、诊断

校本培训作为一项教师专业发展活动,旨在建设教师研修共同体,构筑教师相互学习的同僚关系。因此,课后研讨应当是教师群体基于民主协商的反思性实践,而不能仅仅视其为观摩者对执教者的建言过程。

观摩者高谈阔论,执教者唯命是从的研讨情形是一种单向的权力关系。按照佐藤学"创建学习共同体"的理论,执教者不应被动地听取意见,而应与观摩者积极互动,在互动中实现多种视界的沟通与融合。

群体研讨时,执教者和观摩者都聚焦于教学中的某一具体问题,按以下步骤展开:

(1)观摩者向执教者汇报"我们观察到了什么"。
(2)双方共同讨论"观察结果反映出问题是否解决"。
(3)如问题解决,则总结是如何解决的;如问题未解决,则思考该如何

解决这样的问题。

(4) 观摩者向执教者分享"我从这堂课学到了什么"。

应该说，这种基于观察结果的协商对话本质的研讨，揭示了问题改进的可能方向。双方需要继续协商确定新的改进方案，修订后的教学方案应在另外一个班级实施。如果改进策略并不适用于另外一个班级，除了思考改进策略存在的问题外，也不应忽视新的学情（另一个班的学生情况）带来的适切性和针对性。

当然，任何一个教学问题的改进策略都需要在实践中加以检验和不断修正。因此，我们需要持续地就某一问题展开深入探究。这种探究既包括课堂实践，也包括理论学习。虽然指向课程实施力的校本培训重点是解决课堂教学中的实际问题，但没有理论作为教师思考与行动的框架，这样的校本培训只能限于经验总结层面，无法提高到实践性理论的高度。在这个过程中，学科专家应带领所有研修成员收集和分析相关的文献资料，对教学实践问题做进一步的梳理。

在《吃水不忘挖井人》的案例中，多数教师还不能清晰明确地理解教材与教学目标之间的关系，对于如何使用教材、如何以学定教等问题更是不做思考。教师往往将教学内容等同于教材。学科专家应该借由现场课堂教学的案例帮助教师理解教材与目标的关系：根据教学目标和学生现状，选择教学内容，依据教学内容选择教学材料，教学材料一方面来自教材，另一方面来自其他教学资源。因此，教学内容和教材只是一个交集概念，尽管教师的教学内容大多来自教材，但教材本身并不具备教学所需的全部内容。因此，对教材的准确理解应该是"用教材教"，教材只是教学材料的一种，而不是全部。简单而言，教学内容应该等于教学目标与学生现状的差距，这种差距包括知识差距、技能差距和情感差距等。

虽然教师思维的形成需要学科专家在理论上的专业引领，但这种引领一定是基于前期教师参与其中的教学实践，是在教师看到培训者更富成效的课堂基础上思维有所触动，是学科专家与教师就课程实施过程中遇到的问题进行深入交流。培训者在解答教师提出的教学实践问题时，必须以课例为依托，联系实际，给予引导和解答。

四、再实践

思维的形成需要经验的辅导。培训师需要为教师提供更多的实践机会，在不断激发问题解决的同时，拓展教师自身的反思力。在这个过程中，培训师与教师可围绕实践课不断地切磋、商讨、设计、实践、反思、修改、再设计、再实践、再总结。

虽然这种校本研修方式中的每个循环只能解决教学中的某一具体问题，但并不意味着放弃了对主题系列化的追求。从校本培训教师教学知识的积累角度而言，每个问题的出现与解决都是系列化主题中的一环。依托研修共同体，不同教师群体之间教学知识的共享与转化既促进了自身群体的专业成长，又推动了研究主题的系列化。

仍以《吃水不忘挖井人》为例，再实践的着眼点是让教师感受到课程实施过程中从教材理解到课堂执行，再到思维反思的全过程，体会课程实施中真实问题是如何产生又是如何解决。再实践可以是上一环节的授课者，即一人循环磨一节课，也可以是多人磨同一堂课。

在这个过程中，培训者应继续深入课堂听课，重点关注上一阶段教师课堂教学实践中的不足，进行深入、透彻的追踪与分析。

五、领悟，针对思维方式拓展的反思力

领悟是教师以前期自己的教学活动为思考对象，对自己在课程实施中所做出的行为以及由此产生的结果进行再审视与分析，是一种通过提高自我觉察水平来促进课程实施力发展的途径。

虽然通过教学实践与对话可寻找到特定教学问题的改进路径，但为了获得对相关问题的高度警觉，有必要进一步提炼校本研究的结论，总结问题情境的关键特征（尽管没有一个问题情境与其他情境是完全相同），以指导教师感知类似的教学情境。在这个过程中，教师可以回顾整个校本培训过程，从教学实践入手，撰写教学案例。基于一个课程实施的案例，写一系列的文章，这是最好的案例式培训。例如，教师在听了培训者的示范课后，围绕示范课重构教学设计，可围绕同标异课的亮点与不足写批评性文章。除可以写案例研究，还可以是散文叙事、教育随笔等。

指向新建学校发展的校本教师培训实践探索与模式研究

东莞市中小学教师发展中心　黎　虹

一、研究背景

2019年2月18日，国务院印发《粤港澳大湾区发展规划纲要》，东莞被正式纳入粤港澳大湾区规划。2月19日，东莞市召开了推进粤港澳大湾区建设首批重点项目集中动工大会，其中"新建、改扩建228所公办中小学，至2025年将增加学位约34万个"就是首批市重点项目之一。

教师是学校发展的核心力量，教师专业素养的高低决定学校的生存、发展及品质。校本教师培训是促进教师专业发展的有效途径，是提高教师专业能力的重要举措之一，更是学校发展的有力支撑，特别是对新建（改扩建）学校而言尤为重要。随着粤港澳大湾区建设的持续推进，东莞市师资力量亟须增加，未来几年东莞市新建（改扩建）的228所公办中小学将会招聘大批新教师，如此庞大、情况各异的新教师群体，急需规范培训、规范管理，立足新建学校发展，全面提升他们的专业素养和专业技能，让他们能快速站稳讲台、站好讲台。

本文选定的试点学校东莞市南城阳光第八小学是一所新建学校，2019年9月正式建成并投入使用。目前学校只有一二三年级28个班（学生1405人），现有专任教师70人，其中市学科带头人2人，市优秀教师4人，市骨干教师3人，市教学能手3人，区优秀班主任3人，全国语文素养大赛一等奖获得者1人，同时还有一批毕业于全国各地著名师范院校的新教师，是一支充满活力和魅力但专业素养和教学技能参差不齐的教师队伍。如何全面提升这样一支教师队伍的专业素养和专业技能，是这间新建学校当前面临的大问题、重要问题！随着粤港澳大湾区建设的持续推进，这也是东莞市众多新建（改扩建）学校都会面临的一个共性问题，具有十分重要的研究价值。教师是学校发展的核心力量，要办优质教育品牌，办好人民满意的教育，首要任务就是提升教师的专业素养，在内力和外力的作用之下，在东莞市开展指向新建学校发展的校本教师培训实践探索与模式的研究势在必行，迫在眉睫。

指向新建学校发展的校本教师培训立足于校本实际，立足于教师发展，以提高学校教学质量和办学效益、促进教师专业发展和职业修养为目的，从改革传统课堂灌输式传授知识的陈旧方法入手，攻克教育教学改革的重点和难点，以此谋求学校发展和形成素质教育的办学特色，建设一支具有健康的心理品质、健全的人格、扎实的科学文化基础、较强的有创造能力、有特色的师资队伍。本文采用文献研究、调查研究、行动研究、案例研究与经验总结等方法，分层研训，策略研修，扎实研究，通过这些全面、系统的校本教师培训实践探索与模式研究，对全面提升教师专业素养、专业技能和学校办学综合能力，以及推动新建学校内涵发展有着极其重要的意义，对全市新建（改扩建）中小学教师校本培训进行系统、科学的指导，对促进全市新建（改扩建）中小学学校发展和教师的专业成长具有长远价值。

二、研究内容

（1）针对新建学校发展的校本教师培训内容及模式研究；

（2）校本培训资源与课程的开发；

（3）校本培训运行机制、激励机制及评价机制等管理机制和培训模式研究。

三、研究目标

（1）构建一套立足校本、科学有效地支持学校发展的校本培训管理机制；

（2）建立一批具有学校特色的校本培训课程，培养一批学科优秀教师、名师；

（3）创建市级校本培训优质资源库，共享优质资源，促进校际均衡；

（4）通过成功的新建学校校本教师培训试点案例，辐射影响全市新建（改扩建）学校的校本教师培训模式，促进东莞教育水平高质量均衡发展。

四、研究对象

试点学校：东莞市南城阳光第八小学。

五、研究期限

2020年3月至2023年3月（三年）。

六、研究思路、研究方法和研究计划

（一）研究思路

本文通过文献研究、行动研究、调查研究、个案研究、经验总结等方法，探究校本教师培训模式，提升新建学校校本教师培训质量，促进新建学校内涵发展以及全市教育水平高质量均衡发展。

本文的技术路线：需求调研→理论分析→课程建设→校本培训实施→模式形成→反思与评价→结论与建议。

（二）研究方法

（1）文献研究法：梳理国内外相关研究专题的材料，提高理论水平。

（2）行动研究法：以行动研究法为主，结合文献资料法、调查分析法、个案研究法、经验总结法等开展相关研究。

（3）调查研究法：通过对试点学校教师访谈、问卷调查、实地检测等形式，了解教师和学校现有状况，分析及研究存在的问题，为研究和实施提供依据并进行动态调整。

（4）个案研究法：围绕典型案例开展研究，全面调查和剖析，寻求针对新建学校发展的校本教师培训实践探索与模式研究的最佳途径、方法。

（5）经验总结法：重视积累，及时总结，归纳模式和方法。

（三）研究计划

本研究共分为三个阶段：

1. 准备阶段（2020 年 3 月—2020 年 8 月）

（1）成立研究小组。

（2）研究制定实施方案，启动研究。

（3）进行相关调研，明确研究目标和内容，掌握研究的基本方法，提高科研能力。

2. 实施阶段（2020 年 9 月—2022 年 3 月）

（1）研究组成员分工合作，通过相关调研分析，全面了解学校教师队伍的现状。

（2）对各类教师进行个性化研究，从校本出发，寻找与制定适合教师专业发展和提升的方法；建立和完善各项教学管理体系，尤其是教学质量管理监控机制，并对教师进行系统全面培训，分层研训，策略研修，以点带面，推进研究工作的开展。

（3）制定"分层研训，策略研修"的校本教师培训总体方案，加强校本教师培训实践探索与模式研究，让新教师成材，让青年教师成功，让骨干教师成名。及时检阅成果，评价激励、总结经验，做好阶段性小结。

（4）立足校本培训促发展，开展研修策略研究，进行梳理和归类，从而形成教学设计、示范课例、教学论文、学科教研活动视频等成果。

3. 总结阶段（2022 年 4 月—2023 年 7 月）

（1）收集整理各类研究资料，统计相关数据，综合分析得出研究结论。

(2) 撰写研究报告，申请研究成果鉴定和评鉴。

七、研究措施

（一）充实队伍促规范

1. 充实队伍力量

一所好学校必然有一支战斗力强、有思想、有能力的师资队伍，在政策允许的情况下，学校继续面向全国招聘学科带头人、骨干教师、名优班主任等，充实教师队伍力量，优化教师队伍结构。

2. 制度规范管理

协助学校建立和完善各项教学管理体系，并对教师进行系统、全面的培训，促使教科研制度化，尤其是教学质量管理监控制度，实施分层监控、分层目标管理体系，把教学成绩与科组、级组、个人发展进行结合管理，促进学校教科研活动有序且有效开展。

3. 聚焦课堂研究

进行学科板块式高效课堂教学研究，组织骨干教师设计课程，聘请专家评课，组织行家研课，从成功经验中提炼总结，形成常态课堂教学基本版式，保证课堂教学的有效性。

（二）分层培训促成长

研究出台"分层培训，全面发展"的校本教师培训方案，在优秀教师的带动下全面提高教师队伍的整体素质，通过实施"苗苗工程""明星工程""名师工程"等教师专业化发展分层培训工程，大力推进教师专业成长。

1. 苗苗工程——让新教师成材

随着学校新教师的增多，为促使新教师尽快适应新的工作环境，学校制定和实施了"苗苗工程"培训计划，积极构建苗苗培训、校本培训系列课程，包括：学校文化认同、教师团队建设、学校安全管理、学校教学与管理、学科教学与要求等多方面内容。同时，协助青年教师制定苗苗成长计划，落实青年教师成长"导师帮带""师徒结对"工作，组织骨干教师对新入职教师进行帮带和指导，同时搭建优质课评比的舞台，让新教师快速适应学校的教学工作。

2. 明星工程——让青年教师成长

青年教师是学校可持续发展的基础。为加强教师队伍建设，提高青年教师的综合素质，促进青年教师尽快成为思想过硬、业务精良的教学和管理能手，逐渐成长为教学骨干，研定教坛明星工程培训体系，通过专家把脉、外出培训、名师跟岗、校内展示、课堂竞赛、校外送课、交流研讨等立体多维的方式，为老师们搭建各种学习、锻炼、成长平台，推进梯级成员向上一级发展。

3. 名师工程——让骨干教师成名

名师工程是为骨干教师搭建的又一平台，以课堂教学艺术为核心内容，通过"走出去"和"请进来"的办法，让青年教师增长见识，提升教学技艺。同时，出台各种专题和教学课例研讨培训方案，搭建多种平台，如专业评比、专题讲坛等，提升骨干教师的理论研究水平。通过专家指导参赛、展示课例、送课交流等方式，培养一批在市内颇具影响力的名师。

（三）校本研训促发展

1. 项目式教师工作坊

结合试点学校老师们的年龄结构、专业素养等实际情况，探索开展"项目式教师工作坊"特色校本研修活动，通过将活动主题、培训任务整合为项目，组建学科教师团队，参与多种研讨方式的学习和实践，制定项目培训目标。同时，通过收集信息、调研、合作、讨论、分析、制作等过程，最终解决问题或形成一定的实用成果，从而将经验迁移运用到实际教学中的情境中去。通过有效的过程管理和绩效评估，帮助教师解决教育教学实践中的真实问题，全面提高教师的学科技能及专业水平，提升综合素养，成就教师专业发展。项目式教师工作坊能最大限度地满足教师需求，打破以往教师培训改革的思维定式，较好地体现了个性化和学科化培训的特点，改变了过去"专家讲，学员听"的被动学习模式，调动了学员参加培训的自觉性和主动性，有效增强了教师培训的针对性和有效性。

2. "双线双模"研训

"双线"即常规教育教学和课程开发创新，"双模"即针对常规教育教学和课程开发创新分别采用全过程跟进式策略和项目式工作坊策略。常态线全过程跟进（理论、备课、研讨、总结），为教师提供研究方法、过程指导，避免教师因独立研究难于坚持的避端，教师容易获得最直接的成就感，让教师会研究、真研究、乐研究、善研究。

创新线由学校课程开发中心负责，采用项目式教师工作坊策略。

3. 开展课题研究

开展课题研究培训和实践。一个教师的专业成长通常要经历两个转变，一个是从教学新手向教学能手的转变，另一个是从教学能手向研究型教师的转变。第一个转变可以依托教育教学的不断积累，从而提高实践能力；第二个转变则更多需要教师参与课题研究，激起他们学习和解决教育实践难题的兴趣，促使他们通过科学研究把握教育教学理论，并且不断地总结、概括和提升自己的教学经验，力争在教育教学中有所创新，逐步向既能教学又能科研的研究型教师转变。

（四）团队激励促共赢

没有优秀的个人，只有优秀的团队。为更好地促进教师之间的合作，通过校本培训建立以团队绩效为评价对象的评价机制和激励机制，既要看教师的个人工作绩效，又要看团队成员的协同效果，使评价的重心由鼓励个人竞争转向激励团队合作达标，让教师走出恶性竞争的循环。

八、预期达到的研究成效

（1）带动各梯队教师成长，培养一批市学科带头人、名师工作室主持人、教学能手等；

（2）针对试点学校的优势学科，打造语文、英语、音乐等区域性品牌学科；

（3）全面推动学校内涵发展，学校成就教师，教师推动学校内涵发展，推动学校办学综合实力日益增强，社会认可度不断增强，受到家长、社会认可；

（4）创建优质资源库，达到资源共享，促进校际均衡；

（5）以点带面，示范引领，通过成功的新建学校校本教师培训试点案例，辐射影响全市新建（扩建）学校的校本教师培训模式，助力东莞教育水平高质量均衡发展。

新时代教师培训管理者的价值与使命

珠海市教育研究院　蓝　晖

教师是履行教育教学职责的专业人员，是直接接触和培养学生的群体，教师素质直接影响教育的总体质量以及所培养人才的素质。时代的发展对教师素质的要求越来越高，对教师进行培训已经成为提高教师素质、提升教师队伍整体素质的一条重要途径，是助力教师专业发展，助推教育改革和时代进步的重要举措。

教师培训管理者是特殊的教育工作者，其素质的高低影响着教师培训工作的整体效能，进而关乎教师队伍的整体建设，因此教师培训管理者更要立足时代要求，把握好自身的身份定位，清楚认识自己肩负的光荣时代责任，为我国的教育改革发展助推蓄力。

一、新时代对于教师的要求及教师培训工作的重要性

（一）新时代、新要求

新时代对于教师的新要求：教育发展形态的变化，对教师有了更高的要求（见表1）。

表1　教育发展形态的变化

时间	过去	现在
资源状态	教育经费短缺："砖头"比"人头"更紧缺	教育资源基本均衡，基础设施基本达标，教育发展到一定程度，更需要高质量的教师队伍
师资状态	师资短缺，"有"老师比"好"老师更迫切	相对充足：质量比数量更重要，关注教师职后的发展
教育变革	变革速度相对缓慢	教育急剧变革、教育信息化
教育目标	以知识传授为主	教育目标多元化、生成性
教师功能	传授知识	引导发现
产品属性	非必需品（奢侈品）	必需品

1. 新时代、新教育生态

随着社会的进步，人工智能、大数据、区块链等新技术在教育中被广泛运用，由教师、学生、课程所形成的传统教学生态发生改变，转向以学生为本位，以数字化的学习环境、交互式学习资源、智能化教学支持体系为特点的教育生态。

2. 教师身份的转变

教师的角色被赋予了更多的功能，新时代的教师从传统的既定知识信息的提供者、传递者，转向学生自主学习的促进者、学生信息获取能力的培养者、开拓性思维的引导者、学习资源的开发者、学习过程的领航者、个性学习的指导者、学生情感的呵护者。

3. 新时代教师的多重素养

新时代要求教师具备更广泛的专业素养：研究素养、创新素养、跨学科素养、信息素养等。

（二）教师培训的重要性

职后再培训是促进教师终身学习、提升专业素养的主要途径。

对教师进行职后的继续教育再培训，是提高教师专业化水平，帮助教师适应教育发展新需求的主要举措，是保证教师队伍蓬勃向上、不断进取，紧跟时代发展要求的最佳方式之一。教师培训工作是一项全局性的、战略性的系统工程，关乎整个区域教育的整体质量，要做好教师培训工作，首先必须打造一支出色的教师培训管理团队，紧跟时代步伐，为教师的培训工作提供智力支撑。

二、教师培训者的工作性质与内容

（一）教师培训工作的内涵与本质

教师培训工作的性质、内容是为教师的继续发展提供服务。

为参训教师提供继续教育服务是培训管理者的工作内容，包括规划和安排学习课程、提供具体的研修和生活服务，并在培训结束后对学员进行学习成效跟踪，完善服务，致力于学员的专业成长和素质提升。

教师培训是一项复杂的系统工程，只有科学、高效地做好培训过程中的管理服务工作，才能使学员在参加系统培训后表现出良好的精神面貌、科学的理念重塑和明显的能力提升。

教师培训管理的工作包括：培训过程管理、培训环境管理和培训质量评估管理等。

1. 培训过程管理

从过程管理来看，培训管理团队要制订培训实施计划、组织计划实施、督促检查培训、培训总结工作。只有明确具体的管理内容，才能优化培训管理流程，提高管理效率。对教师培训的组织管理，需要建立培训管理系统，包括建立培训制度，为有效管理奠定基础；制订培训规划与计划，让培训管理能够在预设中有序展开；对培训项目实施管理是培训成功的关键；建立培训课程体系是培训管理的核心内容；组建培训专家团队是成功实施培训项目的保证。

2. 培训环境管理

制定相关的教师培训管理制度，比如规范第三方培训机构的竞标资格，规范教师培训的流程，优化教师培训的环境；积极开发数字信息化培训条件，探索更优教师培训环境。

3. 培训质量评估管理

收集教师对培训内容、培训方式、培训者的评价意见以及其他的学习心得感受，以完善教师培训工作；跟踪教师培训研修后的学习效果，研究培训的成效，并积极改进。

（二）特殊的教育工作者：教师培训管理者

1. 培训管理者的工作内容

为参训教师的专业发展服务，特别是为有自主发展愿望和行动的参训教师服务。在培训中，培训管理者要为参训教师提供课程服务、教学服务、研修服务和生活服务等，并且在培训后对学员做跟踪服务，要让学员在培训项目中愉快生活，学有所获，学有丰获。

2. 教师培训管理者队伍的身份定位和分工

明确身份定位，细化分工，扎实做好每一项工作，建立专业化教师培训管理者队伍。

（三）教师培训管理者的角色类型

一般说来，教师培训管理者的角色类型与特征包括行政事务型、教学业务型、项目管理型。

行政事务型的管理者，以培训项目秘书、班主任和其他普通行政人员为主，协助培训项目主持人或负责人，承担培训项目的日常教务和行政事务的管理与服务工作。

教学业务型管理者，参与或负责课程开发、教学计划制订、培训活动设计、培训教师遴选和聘请、教学效果观察和测评等教学管理事务，有的还兼任一定教学任务。

项目管理型管理者，主要是开展培训项目的组织、协调和管理工作，负责落实培训项目计划和有效完成培训任务。

需要明确各管理人员的职责，按照认真履职、分工协作的原则强化管理责任。教师培训管理是一项系统、科学和专业化的工程，凝聚着教师培训管理者的实践性智慧。就教师培训管理服务团队而言，要做好教师培训，就要提升自身的管理专业化水平。教师培训管理者的专业化，是教师培训管理者依托专业组织，接受专业训练，获得专业知识技能，实施专业自主，形成一定的培训管理理念及职业道德，提高专业素质，成为一个优秀的教师培训管理者的成长过程。教师培训管理者的专业化，是教师培训团队形成核心竞争力的必然要求。

三、新时代教师培训管理者的任务与使命

（一）新时代教师培训管理者的工作立足点：精准把握当前教师培训工作的新形势、新特点

1. 把握教育政策，明确当前教师培训工作的形势

国家高度重视中小学教师培训工作，《教育部关于深化中小学教师培训模式改革全面提升培训质量的指导意见》（教师〔2013〕6号）从宏观、微观两个层面对教师培训工作提出了明确的要求。

《教育部办公厅关于印发乡村教师培训指南的通知》（教师厅〔2016〕1号）就推动各地变革教师培训模式，提升乡村教师培训给出了行动指南。

《教育部关于大力推行中小学教师培训学分管理的指导意见》（教师〔2016〕12号）提出，为完善五年一周期的教师全员培训制度，进一步激发教师参训动力，促进教师终身学习，不断提升教师能力素质，大力推行中小学校（包括普通中小学、幼儿园、特殊教育学校、中等职业学校等）教师培训学分管理。

《教育部办公厅关于印发〈中小学教师培训课程指导标准（师德修养）〉》（教师厅〔2020〕3号）等3个文件的通知明确，为培养高素质专业化创新型教师队伍，规范和指导五年一周期教师全员培训工作，分层、分类、分科组织实施教师培训，提高教师培训的针对性和实效性，教育部组织编制了《中小学教师培训课程指导标准（师德修养）》《中小学教师培训课程指导标准（班级管理）》《中小学教师培训课程指导标准（专业发展）》。

广东省教育厅关于加强"十三五"广东省中小学教师培训工作的意见（粤教继〔2017〕27号）强调教师培训是加强教师队伍建设的重要途径，并就深化培训改革，进一步提升培训质量和管理水平提出实施意见，指出要加强培训能力建设，提升培训专业化水平。

2. 掌握实际情况，了解教师培训工作新特点

随着教师培训工作改革的不断深入和推进，培训质量也不断提高。主要表现在以下六个方面：

一是培训规模不断扩大，接受培训的教师越来越多；

二是培训内容不断拓展，为薄弱学科提供了学习渠道；

三是培训模式不断创新，混合研修正在兴起；

四是优质资源利用更加充分，2014国培计划中小学教师信息技术应用能力提升项目就是典型；

五是培训监管更加完善，层层把关、层层落实；

六是培训质量越来越高，按需施训，各级培训都与实际需求接轨，深得老师们的喜爱和欢迎。

（二）新时代教师培训管理者的价值与使命

1. 为教师提供精准服务

教师培训内容要符合时代与教育发展要求，培训管理者既要做好培训前的调研，又要针对问题做好需求分析。调研通常采取问卷、座谈或走访的形式，内容设置上要能体现学校、教师的心声。站在参训者的角度，以发展学校、提高教师素质为目的，了解学校、教师对培训的建议和意见，为设置培训课程和选择培训形式打好基础。问题分析是关键，对调研材料进行提炼和分析，从中梳理出重点、难点、焦点和热点问题，分门别类，依据问题分析的结果，进行有针对性的培训课程设计。围绕重点、难点、焦点和热点问题设计活动方案和系列培训，根据结果有针对性地设置培训课程，采取菜单式的点单培训。

为什么要以需求为导向？

第一，需求分析直接影响培训目标的确定、培训课程的设计和培训方案的实施。只有高度重视并扎实做好需求分析，才能凸显培训活动的针对性和实效性。

第二，需求分析能够找出绩效差距，通过分析原因，找出需要改进的方向，提高培训的针对性。

第三，需求分析在广泛调查和征求意见的过程中，能够赢得参训教师的理解和支持，获得更多的配合，减少培训开展的阻力。

第四，需求分析帮助参训教师了解自己的知识、技能和能力水平，以及需要改进的方面，有利于他们明确学习的目标和方向，提高参与的主动性。

当前，随着新课改的推进，教师面临着许多新的问题，教师培训热点已转向解决深层次的新课程教学难点问题、提升课堂教学新技能、有效整合信息技术与学科教学等内容。一线教师直接的经验和做法更加切合教育教学实际。

2. 有人文温度的管理者

组织和实施培训是培训管理者的基本工作，它要求培训管理者事无巨细地进行准备和运营。从前期的策划、方案的设计、目标的制定、培训经费的申请、讲授者的邀请与确定、场地的选择、参加人员的分配、发放通知到相关事宜的咨询服务、所需物品、会场的布置、专家的接待、签到和资料的发放、学员的管理与考核、培训的主持及总结，还有一些不确定性因素都需要培训管理者思考和应对。每次培训，培训管理者都要精心设计和管理好流程，沟通协调好每个环节，保障培训成功举行。因此，培训管理者的组织能力非常重要，自始至终都事必躬亲。

教师的职业道德、职业情感不是靠听取说教获得的，而是靠自身的感知和体验形成的。一个成功的培训项目带给教师的不只是知识与能力，还有被唤醒的职业精神、被激发的职业情感。如同教师负有教书育人的责任一样，教师培训也负有培育"参训教师"的责任。我们必须关注参训教师的师德教育，关注他们的职业态度和精神的培养。在培训中，师德教育的渠道不只是师德报告、师德案例研究，培训管理者的言传身教也能感动学员，起到激励人心的作用。培训管理者要注重在培训过程中用自身的优良职业表现来实现触动参训教师心灵的目标，帮助他们改善职业态度，优化职业情感，促进道德修炼，提升职业精神。

培训管理者也应该做到"教书育人"，这里的"人"多指培训的教师。培训管理者在实施培训工作的过程中，应该做到既为教师专业水平的提升提供培训服务，也为教师形成良好职业道德、强化专业精神做好示范和表率；既重视教师的业务能力成长，也关注教师作为"为人师表"的"人"的健康成长。

以前普遍认为培训项目对参训教师的帮助主要依靠培训授课教师来实现，培训管理者们是在培训课堂的外围，在"后方"提供服务的。可是通过一些案例我们看到，培训管理者在组织实施培训的过程中的工作表现，也对参训教师的改变产生着作用。不止一次有学员谈到，在培训期间，工作人员的认真态度，敬业精神，服务意识感动着他们，使他们感到这种闪光的职业精神值得学习。促使他们决心回去后更积极进取，努力工作。

N省的省教研员王老师就是非常典型的例子。不久前，她作为带队领导带领本省一个骨干教师培训班来参加培训。在结业典礼上，她给大家说了自己的成长故事。

她曾在2006年参加省里委托南京晓庄学院承办的教师培训。那时的她是个普通教师，从湖北来到N省才两年。当时的水平非常一般（这是她自己的原话），一边工作一边自己开了家店，丈夫收入也高，家庭经济条件很不错，她对这种状况感到很满足。在南京学习后，她被南京教师们的敬业精神和职业成就所震撼，被培训团队一丝不苟、热情的工作态度所感动，培训管理者在培训工作中那种追求品质的形象成为了她的榜样。培训结束回去后她决心改变自己："再也不能这样平庸了。"她决心以在南京感受到的这种执着追求事业进步的精神鞭策自己：要为本省的教育做贡献。从此，她像变了一个人，积极工作、不断学习、努力进取。后来，省教研室面向全省公开招聘省教研员，她积极报考。在最后一轮面试时，考官问及为什么要报考教研员，她发自内心地说："别的不求，只求有机会为全省教师做点事，为全省教育做点事。"她崇高的思想境界打动了面试的专家和领导,最终录取了本来没有优势的她。

所以,培训管理者成功的工作,就是为学员的学习做好服务。他们不但可以提高学员的职业情操,也可以优化学员的学习情境,对鼓励学员更加积极专注地投入到专业学习、促进良好职业品质的养成有积极的作用。

3. 科学高效的管理者

没有规矩不成方圆,制度建设历来是管理的不二法门。只有建章立制,才能增强工作的规范性和科学性。教师培训工作更是如此,要想达到培训的预期效果,监督、管理、考核教师的学习效果并进行量化打分,进行学分管理是一个有效途径。如校本研修制度、教师继续教育管理制度、学分登记制度等规章制度,在不知不觉中规范了教师的行为,提升了教师的工作实效。每个制度的出台,都是在总结先前的经验教训,并对之前的错误进行改正而产生的;在执行制度时,还会遇到各种突发性问题,完善和补充制度、优化制度又是对培训管理者的一种考验。因此,培训制度的制定是对培训管理者的最高要求,是对培训管理者思想的启迪和历练。

4. 高素质的教师队伍领路人

根据新时代教育发展的需要,基于新视野,积极开拓新领域,教师培训者首先要站在队伍的前列,身先士卒,积极为教师试点新技术、新方法、新理念。比如进入信息化社会和人工智能时代之后,无论是对于教育理论研究者还是实践工作者而言,教师培训工作要对接信息科技的发展,思考"互联网+"、人工智能、大数据等新技术如何科学合理地被运用在培训活动中,构建符合教师个性的培训体系,分享优质资源。从而影响教师的视野和观念,并推广新方法、新理念的路径和方法。

教师培训管理者负责教师培训的策划、研究与实践,这些工作对管理者的素质有很高要求。在瞬息万变的教育形式下,培训管理者必须勤于学习,精于学习,加强自我修炼,有意识、有目的、有计划地提升自己,丰富自己的专业内涵与素养。因为教师培训管理者的专业素养直接影响着教师培训的质量与效果。这就要求培训管理者从书本中学,从实践中学,不断提升工作智慧。因此培训管理者要多读书、多思考、多提炼,积淀专业底蕴,丰富思想内涵。

四、勇担时代重任:提升教师培训者队伍的专业素养

(一)抓管理

在教师职业倦怠现象普遍的当下,培训已然成了教师的额外负担。上级要求教师克服工作和学习矛盾,牺牲个人休息时间,提升个人能力,无形中将培训放在了令人厌烦的位置。主要表现为:

一是累上加累搞培训。有的培训安排在学期末,所有教师已忙了整整一个

学期，期末时已经非常劳累、疲倦，还要紧接着参加培训，使这种疲倦达到了顶峰，所以，即使参加培训也几乎没有什么心思，而且每天参加培训要来回奔波于家庭和培训听课现场，效果不佳。不是教师自己"想去参训"，而是为了完成教师培训课时而很被动地参加培训。

二是有啥讲啥空对空，即有的区县培训所聘请的专家层次参差不齐，培训专题的选择不是根据参训教师的实际需求，而是专家以前讲过什么或现成有什么专题就讲什么专题，与教师的需求脱节。如有的外聘专家不了解受邀区县教育教学改革和教师队伍的实际情况，所讲的内容是一个课件包打天下，到哪都是千篇一律，缺乏针对性，完全是"专家话语"而不是"教师话语"，虽然滔滔不绝，但多是一些暂时的心灵鸡汤，让教师们听得热热闹闹，听完回到教育教学中却什么问题也解决不了；还有的专家讲的东西云里来雾里去，从理论到理论，让听课教师一头雾水，毫无感觉；甚至还有的区县聘请的是退休多年的专家，对教育教学改革的最新情况不甚了了，教师学不到真正需要的东西。

对策：对教师培训工作进行规范和科学管理。

内容：包括培训材料的管理、教师继续教育的管理、各级各类培训的管理、校本研修的管理、教师自然情况更新管理等。

教师培训管理者需要的是精细化管理。这些管理需要的是奉献精神，越细致、越有实效，才能使教师培训工作逐步推进，促进教师专业发展。

因此，这时的培训管理制度就会发挥强大功能，将教师培训工作进行到底，这是一种保障和原动力。所以，方方面面的管理，缺少任何一项都不完整，都会导致出现这样或那样的遗憾。

（二）抓业务

教师培训管理者的工作对象是教师，这个群体本身就是有素质、有内涵的知识分子。管理好这支队伍，首先要提高自身的业务能力和职业素养，有胜任工作需要的基础，安排好、组织好、实施好各项工作，做到抓早、抓实、抓出成效。教师业务能力的好坏，从基层的反映就完全可以得出结论。教师培训工作，必须了解基层心声，符合基层需要，有的放矢，让基层教师培训后有变化、有提升。所以，加强学习、不断充电，了解教育形式等都是对自己的一种约束和提高。唯有严要求、高标准、有计划、有重点地规划自己的职业生涯，才能不断提升业务能力，更好地胜任这项工作。教师培训者是老师的老师，各方面都要努力做到高于基层老师，具备令人敬佩、值得尊重的素质，才能起到引领和示范作用。所以，提高个人业务能力，提升个人魅力是永恒的课题，值得细细研究。

（三）抓改革

面对不断变化的发展趋势，教育改革势在必行。只有全方位的教育改革，才能整体推进改革的进程。这就对教师培训提出了更高的要求和标准，加大教师培训力度、改革培训模式、按需施训，提高培训质量是重要途径。选准切入点，找好主攻方向，选好突破口，设计好推进策略，掌握一定方法，才能促进教师培训工作的不断创新。培训管理者还要有改革创新精神，抓改革，不断适应教育的发展，让工作有起色，有亮点。

总之，新时代对培训管理者的综合素质有很高要求，诸如规划能力、执行能力、决策能力、管控能力、团队建设能力、应变能力等。同时还要具有敏锐的头脑、辩证的思想、超人的谋略。更重要的是还应该有冒险家的创新精神、鼓动家的演讲口才、实干家的创业本领、外交家的翩翩风度和艺术家的浪漫情怀等。

新的时期，新的要求，作为一名教师培训管理者，就要以人为本，大胆探索，开拓创新，在教育改革的大潮中，敢于攻坚破难，不畏险阻，在前进中不断总结经验，克服不足，有效发挥作用。

第四篇

学校学科校本研修模式研究

明确区别，把握重点

——中学语文学科如何设计学历案

广州市南沙区教育发展中心 刘克艳

课程改革的新理念、新做法是否真正落实，最终要通过课堂教学来检验。要改革课堂教学，最先要改变的是教学设计及其产品——教学方案。教学理念会影响教学设计理念，教学设计理念会落实在教学方案当中，最终落实在课堂教学中。所以，每一次的课程改革必然会带来教学设计及其产品的变革。我国第八次课程改革提出的三维目标，自主、合作、探究的学习方式等，使导学案风靡全国。在新一轮课程深化改革中，各学科都凝炼了学科核心素养，更强调学生学习实践活动，学历案又应运而生。很多老师初看学历案时，会觉得学历案本质上就是导学案，认为它们只不过是名称上的不同，但其实两者有一定区别。所以，要用好学历案，首先要明白什么是学历案，它与导学案有哪些联系和区别。

一、导学案与学历案

（一）产生背景

20世纪80年代以来，世界各国推行基于标准的教育改革。我国在21世纪初开始的第八次课程改革强调，课程的功能要从单纯地注重传授知识转变为引导学生学会学习、学会生存、学会做人。在学习方式上倡导由教师单纯的讲授变为学生的自主、合作、探究学习。在这一理念的指引下，各地为促进教学广泛开展研究，探索出一些有益的教学模式，比如洋思模式、杜郎口模式等。也催生了一些引导学生学习的教学方案，其中导学案的影响比较大。

导学案最早可追溯至江苏南京东庐中学使用的讲学稿，杜郎口中学将其进一步转化发展为导学案。随后，诸多学校将导学案作为教学改革的重要手段，力图通过导学案的运用提高课堂教学质量。导学案是经教师集体研究—个人备课—再集体研讨制定的，是基于新课程标准，以发展学生的素养，引导学生自主学习为目标编写的，用于指导学生自主学习、主动参与、合作探究、优化发展的学习方案。

进入21世纪，人工智能技术飞速发展，人类社会跨入智能化时代。创新经济模式已成为主流经济形态，日益加速的工作和社会变化，需要个体具备自主学习的能力，成为终身学习者。世界各国、地区和国际组织纷纷提出要培养学生适应社会需求的核心素养。2014年教育部研制印发《关于全面深化课程改革落实立德树人根本任务的意见》（教基二〔2014〕4号），提出"教育部将组织研究提出各学段学生发展核心素养体系，明确学生应具备的适应终身发展和社会发展需要的必备品格和关键能力"。2016年9月13日，发布了中国学生发展核心素养研究成果。此后，又在2017年版的高中各学科课程标准中，凝炼了学科核心素养。

为落实学科核心素养，华东师范大学崔允漷教授推出了学历案。他认为教学是一种专业的工作，而专业的实践首先要有专业的方案，教学变革应从方案的专业化做起。他从教师工作专业化的角度，结合专业实践，提出教学方案需要从学生立场设计学会什么、何以学会的问题。因此，仿照医生开出的专业方案——"病历"，崔允漷教授提出了学历案。他认为学历案是教师在班级教学的背景下，为了便于学生自主建构或社会建构经验，围绕某一相对独立的学习单位，对学生学习过程进行专业化预设的方案。

（二）构成要素

导学案侧重于引导学生自主、合作、探究学习，更多是通过问题和练习来进行引导，起到导学、导思和导练的作用。导学案的编写一般包含以下八个要素：学习目标、重点难点、学法指导、知识准备、导学过程、达标检测、布置作业和总结提升。

而学历案更侧重于学生"何以学会"的学习经历，即学生在一定的时间内学习什么内容、如何学习、如何检测是否学会、如何引导学生反思学习的过程，以建构起学习策略体系。学历案的编写一般包含六个要素：学习主题/课时、学习目标、评价任务、学习过程（含学法建议、课前预习和课中学习）、检测与练习、学后反思。

（三）目的与功能

导学案的初衷在于改变以教师讲授为主的课堂教学模式，通过设计导学内容，引导学生自主、合作、探究学习。它关注学习，重视练习的质量，重视教学与考试的一致性，对于推动和落实课程改革的新理念起到了一定的作用。

学历案的目标是制定专业的教学方案，它来自对教学专业的再认识，来自对实践中的学案、导学案的总结与提升。根据学科核心素养的特点，它更重视学生立场，重视解决学生学习什么和何以学会的问题，重视学—学—评的一致性，通过专业学习方案的设计，力求促进学生"在学习"和"真学习"。"在学习"即学生参与学习、投入学习，其反面为游离学习、疑似学习；"真学习"即真实学习、深度学习，其反面为虚假学习、浅层学习。

综上，学历案和导学案都是顺应时代需要的产物。学历案是对学案、导学案的总结与提升，它们之间既有联系又有区别。它们都重视学生的主体地位，重视学生的学习，但学历案在学生立场、学习历程、学习力等方面，在学案、导学案的基础上有进一步的发展，它不仅重视学生怎么学，而且重视学生何以学会，强调学习经历和学习过程。学历案的初心是总结和提炼中小学教学变革实践的合理创新，是寻找促使教学方案专业化的努力方向。

二、语文学科学历案设计要点

《普通高中语文课程标准（2017年版2020年修订）》凝炼了语文学科的核心素养，对课程性质作出了明确的规定：语文课程是一门学习祖国语言文字运用的综合性、实践性课程。其课程性质决定教学设计要更加重视真实的语言运用情境的设置，重视学生自主的语言实践活动，重视评价对学习的促进作用。这些理念与学历案的很多主张不谋而合。语文学科如何超越导学案，利用学历案来进行教学设计呢？通过上述学历案与导学案的对比，以下五个方面值得关注。

（一）教学设计应更加强调学生立场

导学案体现的是教师立场，重点关注的是教师如何引导学生学，然而学习是学生经验在深度和广度上的增长，学生才是学习的真正主人，学历案的设计更能体现学生立场。所谓学生立场，指的是站在学生的角度而不是教师的角度思考教学问题，教学工作是基于学生、为了学生和提高学生。站在学生的立场，在做教学设计时首先要做好学情分析，充分了解学生，包括了解学生知识和能力基础、认知特点、思维特点以及对将要学习内容的主要疑难和困惑之处。学情分析是做教学设计的基础，只有了解学情，才能设计出适合学生的学习方案。其次，依据课标、教材与学情，找准学生的生长点，科学、准确地设定教学目标。目标既要准确，又要适切，要能定位在学生的最近发展区中。再次，围绕学生的生长点，设计问题或举行听、说、读、写、思等语文学科实践活动，让学生在语文实践中实现语文知识的增长、语文能力的提升。只有站在学生的立场，了解学生特点，把握学生成长规律，以学生语文学科核心素养的提高为旨归，以学生的语文实践活动设计为主线，才能设计出适合学生成长的学习方案。

（二）教学设计应重视教学过程中的评价

导学案重视教师对学生的引导、导学、导思、导练，但往往忽略了在教学过程中对学生学习情况的评价，即使有评价也大都以简单的"是非""好坏"来应对学生的回答。这可能会造成教与学的不一致，即老师要学生学习的内容，学生不一定学到了，学生学到的，不一定是老师要求学的。改变这种现状的措施是在教学过程中增加评价。学历案不仅关注学生怎么学,更关注学生是否学会,这就是学案设计中将评价前置的原因。设置好各项学习任务的评价标准,并对学生如何开展评价进行指导。有评价标准,学生才能清楚学习达到什么程度、是否学会了;有评价指导,学生才能自主开展评价。通过评价,教师也能更好地掌握学生的学习情况。教学过程中的评价,其作用不仅在于诊断,更在于促进。而这种评价更多是通过学生完成评价任务来进行的。如学生完成议论文拟题的学习,根据所学,较好地通过审题拟出一个议论文写作训练的题目,就表明学生是学会了。由此,在做教学设计时,要重视对评价任务的设计,以此检验学生是否学会了。

(三)教学设计应重视学习方法的指导

学历案作为专业的学习方案,不仅要能引导学生开展学习,更重要的目的是提升学生的学习力。学习力的提升,要求学生真学、在学、会学。学生不仅需要获得一定的知识、技能基础,同时也要有学习方法的指导。不同的学习内容有不同的学习方法,同一学习内容也有不同的学习方法。因此,设计学习方案时要结合学情,根据教学内容,列举出指导学生学习的方法。方法忌笼统,应具体、适用且有效。如议论文拟题训练时,老师列出"扩充法""化用法""巧用修辞法"等三种方法,学生在学习后,仍不能拟出较好的标题。究其原因,第一种方法虽然是从内容的角度引导学生拟题,但它不是议论文拟题所独有的,记叙文、说明文也可以据此法来拟写标题;后面两种方法没有涉及标题的内容,主要是从形式上对标题拟写进行提升,是拟题基本能力之上的升格能力。而议论文标题的拟写,更侧重于通过审题确定写作立意,围绕立意来命题,这种标题才更适合充当文章的"眼睛"。学历案的方法指导不仅包括达成目标的路径,还包括达成目标需要的除课本之外的资源支持以及学生应具备的知识基础。

(四)教学设计应重视引导学生经历学习过程

学生何以学会?关键在于学习过程的透明化。学历案最为重视对学生学习过程的设计,要让学习过程可视化。学生的学习包括课前预习和课中学习两个环节。预习实质是学生的前置自主学习,预习效果的好坏,很大程度上决定了课堂效果的好坏。叶圣陶先生非常重视预习,还列出了学生预习时应该完成的任务,其中最主要的任务是能提出问题,能带着问题进入课堂。有效的课前预习要求定时间、有任务,最好能记录下在文本阅读过程中发现的问题。课中学习要尊重学生的主体地位,采用自主、合作、探索的学习方式,要求有学习的进阶,要能够展示学生自主建构和社会建构的过程。语文学科要实现这个设计任务,更多要围绕学习目标,设置真实的情境,在情境中引导学生发现问题、分析问题、解决问题,或通过在情境中引导学生完成一个个学习任务来达成。

学生在问题或任务的指引下，通过自主学习或是小组合作探究，生生交流、师生交流等不断自我建构和社会建构。同时，问题和学习任务的设计要能促进学生开展深度学习。

（五）教学设计应重视学后反思

学后反思是学生学习后对学习过程和学习效果的思考，目的是更好地构建知识体系和学习方法系统，不断促进学生自我成长。孔子也强调反思的作用，他常"吾日三省吾身"，以此检视自己，督促自己，承优改弱，不断走向更好。学后反思可以是对学习过程的反思，也可以是对学习方法的反思，不一定要写得很长，但要求学生有反思的意识和具体反思的行动。反思的写法也可以因内容而各有不同，对于知识的反思，可以引导学生画知识图谱；对于学习过程的反思，可以让学生明确优点，找出不足；对于学习方法的反思，可以让学生列出思维导图等。

三、设计案例

"回忆性散文、传记为专题展开阅读"学历案设计

【学习主题】

以回忆性散文、传记为专题展开阅读。部编版初中语文八年级上册第二单元，包括《藤野先生》《回忆我的母亲》《列夫·托尔斯泰》《美丽的颜色》四篇回忆性散文、人物传记。（8课时）

【课标要求】

阅读文学作品能感悟内涵、感受形象、体味情感、品味语言，获得思想启迪。能较熟练地运用精读、略读和浏览的阅读方法。

【专题目标】

1. 理解回忆性散文、传记的文体特点，如纪实、事件典型、叙事突出、彰显精神、注重细节等。

2. 分析概括传主的主要事迹和精神品格。学习刻画人物的方法，如白描、精心选材、描绘眼睛、欲扬先抑等。

3. 品味风格多样的语言，体会语言的感情色彩和风格特点。

4. 领会作者的真挚感情，培养爱亲友、爱祖国、爱劳动的情感，体会人生奋斗的意义。

【学法建议】

浏览概括法：快速浏览文章，寻找关键词句，梳理人物的主要事迹、感悟人物的精神品格。

勾画批注法：关注人物描写的文段，标注精彩语言，从内涵、修辞、风格等多角度分析写作方法，写批注，并展示交流。

小组交流法：在疑难、探究性问题上，小组成员各抒己见，互相交流。

比较阅读法：把四篇散文放在一起比较阅读，建立"文本交织"的思维，把握此类散文的共同特点，同时关注每篇散文各自的特点。

第一、第二课时　整体阅读

【课时目标】

整体感知文本，把握文章的主要内容、了解人物的主要事迹或特征、初步感知人物形象。

【评价任务】

1. 完成"课堂活动一"，整体感知文章内容，概括人物的主要事迹或特征。

2. 完成"课堂活动二"，初步分析人物的精神品质。

【学习过程】

一、课前准备

通读四篇散文，勾画主要内容，写批注。

二、课中学习

课堂活动一：概括和交流

1. 快速阅读四篇散文，概括四位主人公的主要事迹（或特征），先独立思考，填写表格，然后在小组内交流。

篇目	传主	主要事迹（或特征）
《藤野先生》		
《回忆我的母亲》		
《列夫·托尔斯泰》		
《美丽的颜色》		

2. 选择你印象最深刻的一个人物，复述人物故事，并说说你选择这位人物的理由。

课堂活动二：思考和探究

1. 为什么鲁迅先生说："他的性格，在我的眼里和心里是伟大的。"请结合事例，分析藤野先生性格的伟大之处。

2. 朱德元帅反复写道："我应该感谢母亲。"结合全文，说说朱德从母亲身上学到了哪些精神品质？

3. 列夫·托尔斯泰的相貌如何？他最有特征的地方是什么？

4. "美丽的颜色"这个标题包含哪些含义？

三、课后学习

再读四篇散文，进一步熟悉文章，在能触发自己的思考的地方写下批注，并与同学交流。

第三课时 《藤野先生》

【课时目标】

理清课文的结构与线索，掌握通过描述典型事例突出人物品质的写法，理解并学习鲁迅先生的爱国情怀，品味本文的语言。

【评价任务】

1. 完成"课堂活动一"，理清文章结构、双线结构。
2. 完成"课堂活动二"，分析并掌握以典型事例刻画人物的写作方法。
3. 完成"课堂活动三"，理解鲁迅先生的爱国精神。
4. 完成"课堂活动四"，分析本文的关键词句和修辞的含义。

【学习过程】

一、课前准备

搜集有关藤野先生和鲁迅先生交往的故事，进一步了解异国师生交往的背景和感人的师生情，为深入理解课文做准备。

二、课中学习

课堂活动一：绘思维导图

1. 课文变换了几个地点？每个地点写了什么人、事，表达了什么情感？请思考这些问题，理清文章结构，绘制思维导图，并在小组内交流。

2. 本文以什么为顺序展开记叙？记叙的中心是什么？除了记叙中心外，是什么在推动故事的发展？是否还有暗藏的线索？请思考以上问题，理清文章的双线线索，绘制简图，并在小组内交流。

课堂活动二：写人物形象

1. 鲁迅先生初到仙台时，耳闻目睹的藤野先生是个怎样的人？找到相关语段，进行分析，在藤野先生的肖像处写上批注。

2. 文中一共写了几件"我"和藤野先生的典型事例？这些典型事例分别体现藤野先生什么样的精神品质？给每件典型事例拟小标题，并写上对应的品质。

3. 藤野先生的高尚师德，别的老师也会有，为什么唯独藤野先生"最使我感激，给我鼓励"？请结合时代背景和"匿名信""看电影"事件思考这个问题，先在组内交流，再每组派代表发言。

课堂活动三：悟爱国精神

1. 鲁迅先生为何去日本留学？他为何离开东京？为何弃医从文？请体会

描写清朝留学生和"看电影"文段，思考这些都表现了鲁迅怎样的思想感情？

2. 还有哪些名人虽身在异国他乡，但满怀报国热情的故事？请问你如何看待有极少数青年人参加港独暴乱的行为？

课堂活动四：品精彩语言

1. 鲁迅先生的语言有含蓄、深刻、犀利的特点。第1自然段"但花下……实在标致极了"在语言上有何特点？请从修辞、语言内涵、作者的情感态度等角度进行分析，写下批注，互相交流。

2. 清朝留学生的赏花跳舞、"我"初到仙台的食宿、匿名信事件都跟藤野先生没有直接关系，这些内容可否删去？请说说你的看法。

三、课后学习

学习本文以典型事例刻画人物的写作方法，描写你熟悉的一位老师，300字左右。

第四课时 《回忆我的母亲》

【课时目标】

理解回忆录以典型事例表现人物精神品质的写作方法，理解记叙中的议论的含义和作用，品味本文"朴实中见真情"的语言风格。

【评价任务】

1. 完成"课堂活动一"，理解本文的典型事例，分析人物的精神品质。
2. 完成"课堂活动二"，分析议论性的语句的含义和作用。
3. 完成"课堂活动三"，品味简洁质朴，饱含深情的语言风格。

【学习过程】

一、课前准备

查阅朱德的资料，阅读《朱母钟太夫人传略》。

二、课中学习

课堂活动一：思考与交流

1. 本文于生活琐事中精心选择典型事例展示朱德母亲的一生。请问母亲一生的事迹有哪些？用默读、跳读的方法，勾画关键词。

2. 这些事迹体现了朱德母亲的什么精神品质，请写批注。

3. 请用"我读出了一位……的母亲，体现在……"的句式说句子。先在组内交流，再派代表发言。

课堂活动二：思考与探究

1. 本文夹叙夹议，请快速浏览，勾画出议论性的句子，在组内交流。

2. 朗读第14、15自然段，这两段用了什么表达方式？有什么作用？

课堂活动三：品味与感悟

1. 本文的语言是质朴中见真情，你认为哪些句子写得最感人？说说理由，并深情地读给同学们听。

2. 选择你认为最饱含深情的一句话，分析其中蕴含的情感。

三、课后学习

阅读胡适的《我的母亲》和老舍的《我的母亲》，比较三位母亲的形象，分析文章的写作手法、作品的语言风格等有什么不同。

第五课时《列夫·托尔斯泰》

【课时目标】

学习细致的肖像描写和眼睛描写，体会欲扬先抑的写作手法。

【评价任务】

1. 完成"课堂活动一"，分析并学习肖像描写。

2. 完成"课堂活动二"，分析并学习眼睛描写。

3. 完成"课堂活动三"，理解本文欲扬先抑写作手法的运用。

【学习过程】

一、课前准备

搜集列夫·托尔斯泰的资料，了解其生平、作品、思想等。

二、课中学习

课堂活动一：阅读第1至5自然段，并思考以下问题。

1. 圈点勾画托尔斯泰的外貌特征，作者写了外貌的哪些方面？具有什么特点？

2. 根据文中描述，为托尔斯泰画一幅简笔画，再用语言描述他的外貌和精神。

3. 勾画出运用比喻和夸张手法描写外貌的句子，并进行赏析，说说好在哪里。在组内交流，再派代表发言。

课堂活动二：阅读第6至9自然段，并思考。

1. 这些段落从哪些方面描写托尔斯泰眼睛的特点，请勾画出关键词，并概括总结。

2. 勾画出运用比喻和夸张描写眼睛的句子，进行赏析。反复诵读，背诵积累。

3. 阅读对祥林嫂、林黛玉、斯嘉丽的眼睛描写，对比她们的不同。

课堂活动三：思考与探究

1. 本文运用了欲扬先抑的写作手法，哪些内容是抑笔，哪些部分是扬笔？这种写法有什么好处？

2. 联系《阿长与〈山海经〉》中欲扬先抑的手法，和本文进行类比，再感悟这种写法的好处。

三、课后学习

学习本文描写肖像、眼睛的方法，运用夸张、比喻的修辞手法，为身边熟悉的人写一段外貌描写，300字左右。

第六课时 《美丽的颜色》

【课时目标】

概括文章的主要内容。分析人物形象，感悟居里夫妇的精神品质。理解传记中插入传主的话的作用。

【评价任务】

1. 完成"课堂活动一"，概括主要内容。
2. 完成"课堂活动二"，感悟人物精神。
3. 完成"课堂活动三"，理解传记的真实性。

【学习过程】

一、课前准备

搜集并了解镭和居里夫人的相关资料。

二、课中学习

课堂活动一：主要内容

1. 速读课文，关注人物、事件、时间、结果，用一句话概括课文的主要内容。
2. 理清本文的写作思路，画出段落层次，概括每段的大意，进行组内交流。
3. 课文中对居里夫妇工作条件"极端的艰苦"是怎样描述的？如何理解"我们生活中最美好而且最快乐的几年"？小组合作，交流探讨。

课堂活动二：人物精神

1. 文中从哪些方面描写居里夫妇的品质及精神？圈点勾画文中相关描写，做好批注。
2. 从居里夫妇身上学到哪些可贵的精神品质？小组讨论并派代表发言。

课堂活动三：传记求真

1. 文中多次引用居里夫人自己的话，有何作用？熟读并进行小组讨论。

三、课后学习

阅读传记《居里夫人》，概述居里夫人的生平事迹。

第七、八课时 整合提升

【课时目标】

在比较阅读中，充分感受作品的文学魅力。有自己的阅读感受，写读后感。与同学分享交流，提升文学鉴赏水平。

【评价任务】

1. 完成"课堂活动一",选一个论题,写一篇读后感。

2. 完成"课堂活动二",在交流中简要陈述自己观点,并回答同学的质疑。

【学习过程】

一、课前准备

这四篇课文都是回忆性散文、传记,既有共同的文学特征,也有各自的独特风格。请思考并确定一个供探究、写读后感的论题。

二、课中学习

课堂活动一:任选一个论题,完成一篇读后感。

研究性阅读论题:

1. 选典型事例,写鲜明人物——以《藤野先生》《回忆我的母亲》《美丽的颜色》为例

2. 《藤野先生》《列夫·托尔斯泰》中的外貌描写

3. 了不起的女性——朱德母亲、居里夫人形象谈

4. 平凡中的伟大——藤野先生、朱德母亲形象谈

5. 传记文学中的真实性——以《藤野先生》《回忆我的母亲》《列夫·托尔斯泰》《美丽的颜色》为例

6. 传记文学中的叙事线索——以《藤野先生》《回忆我的母亲》《美丽的颜色》为例

7. 鲁迅的爱国心

8. 勤劳一生的中国传统女性——论朱德母亲

9. 粗糙的外表,深邃的精神——论列夫·托尔斯泰

10. 巾帼不让须眉——杰出的女性科学家居里夫人

11. 自选论题

课堂活动二:进行组内交流,简明扼要地陈述自己的观点,接受同学的提问,并回答。每组派代表在全班陈述读后感的主要观点。

三、课后学习

概括、整理、编辑全组同学的读后感,编成文集,拟文集名。扫描成 PDF 文件,上传至"智慧课堂"平台的"班级空间",供全班同学交流、分享,展示并共享学习成果。

【学后反思】

学完这个单元,你是否理解了回忆性散文、传记的阅读方法?你能否理清文章结构、梳理行文线索、概括主要事迹、分析人物精神品质、赏析关键语句?你是否在圈点勾画关键句、在有感悟处写批注等方面有进步?你在表达自

己的观点和与同学分享交流中是否有新的理解和体会？你是否清楚写读后感选择论题的角度和路径？你是否在写读后感时加深了对整个单元内容的理解？请思考以上问题，选择一个角度，写一份简短的"学后反思"报告。

参考文献：

［1］崔允漷. 学历案：一种新的教学思维［M］. 上海：华东师范大学出版社，2014.

［2］尤小平. 学历案与深度学习［M］. 上海：华东师范大学出版社，2017.

［3］崔允漷，尤小平. 教学变革：从方案的专业化做起［J］. 当代教育科学，2017（9）：3－6.

［4］崔允漷. 指向深度学习的学历案［J］. 人民教育，2017（20）：43－48.

［5］崔允漷. 让学生在课堂中的学习增值［J］. 江苏教育，2018（9）：17－19.

小学数学主题式研修的主题选择与研修路径研究

广州市花都区教育发展研究院 程 彦

主题式研修，着眼于从学校和教师所面临的各种实际问题出发，从问题形成主题，有针对性地开展研修活动，最终达到解决问题、改进教育教学、实现教师专业成长的目的。

广州市花都区小学数学学科在区域统筹下，坚持课题引领，信息技术赋能，教师专业化成长路径，提出主题式研修的意义及初步解决方案。借助研修共同体，有效解决研修过程中的智力支持问题，促进课堂教学改革向纵深发展，提升课堂教学效率。建设数学学科基地学校，构建教研、科研、培训、信息四位一体培养方式，建立"1+3"主题导研模式，关注教师在教研活动中的真实表现，经历"认识—实践—再认识—再实践"螺旋上升的认知优化与重组建构过程。以整体化、结构化、系列化的方式促进教师突破专业发展瓶颈，经过文献—理论提升—课堂实践—策略提炼四阶段的研制历程，推动区域内数学教师专业发展，为校本研修提供实践样本。

一、研修主题的确定

主题式研修难点在于教师如何进行主题选择，鉴于实际状况，采取学科提供主题、科组共同主题和个人自悟主题三种形式。

（一）课堂调研发现的共同问题

经过深入花都区五个片区大多数学校的课堂听课调研，发现在课堂管理方面，教师对于课型的把握、课堂结构的安排和时间管理方面比较随意，往往会将一节新课的黄金时段用来复习前一节课的知识或重复机械的训练，学生少有机会和时间合作探索、动手操作、汇报交流，教学内容经常无法在计划内完成，更不要说开展深度学习以及对学生进行高阶思维能力的培养；教学方式依然以"满堂灌"为主，学生仍处于被动式学习状态，课堂上鲜有互动，新授课经常以大量机械的练习填满整节课。关于评价反馈，其一，教师对于课堂上学生的反馈缺乏回应，课外练习的批改结果也没有及时反馈给学生，导致教师无法深入了解学生的学习状况与学习成效，教学针对性不强。其二，评价方式仅限于纸笔测试，而且只提供测试的分数，往往不会帮助学生分析扣分的原因。

(二) 质量监测中体现的问题

本次测试，选取了学生的数学学业成绩、数学学业表现水平中等及以上的比例、数学学业均衡、数学学习兴趣、数学学习自信心、数学学习焦虑、数学课时达标率、数学作业时间、对数学教师的喜爱程度、数学教师课堂管理 10 个方面作为监测指标，将参与本次监测的 331 个样本县的 10 个方面分别排序，并分成 10 个等级，从高到低排列依次是 10★、9★、8★……1★。星的数量越多表示该县在 331 个样本县中的相对位置越靠前，花都区总体等级见表 1。

表 1　2018 年花都区四年级数学国测总体等级

监测指标	四年级	监测指标	四年级
数学学业成绩	4★	数学学习焦虑	4★
数学教师课堂管理	2★	数学课时达标率	7★
数学学业均衡	6★	工作日数学作业时间	4★
数学学习兴趣	2★	周末数学作业时间	7★
数学学习自信心	3★	对数学教师的喜爱程度	3★
数学学业表现水平中等及以上的比例		5★	

从上表可以看出，花都区数学教师的课堂管理能力以及学生对数学学科的兴趣明显不足；从测试结果分析报告可以看出，花都区学生的运算能力、空间想象能力、数据分析能力、推理能力、问题解决能力较低，尤其是问题解决能力亟待加强。

(三) 源于课程改革中的核心问题

在义务教育阶段，学习数学究竟是为了什么？进行数学教育，最终要达到什么效果？荷兰著名数学家弗赖登塔尔认为，学生学习数学，必须学会其在解决实际问题的作用、会运用数学知识于具体现实。

另外，学生参与的广度、深度和态度对教学效果和质量有着重要的影响。学生真正投入学习，参与各项学习活动，才是保证学习效果、提升学生素养的最关键因素。

因此，花都区小学数学学科提出"基于学生立场的真实问题解决"研修主题，由此构建解决方案、优化研究过程、指向研修实效。

二、研修实施过程

通过"区教研院—片区教育指导中心—学校—教研组"四级研修，协同分层教研管理，构建上下联动、相互协作的教科研工作运行体系。利用高校学科专家、学科教研员、骨干教师组成的研修共同体，采用线上线下混合式研修方式，以研修活动为载体，将教学研究和教师培训活动整合起来，打造教师专业发展新型共同体，为共同体中各成员的专业发展提供平台，逐渐形成指向研修实效的问题解决流程。下面以人教版六年级上册"确定起跑线"为课例，阐述整个研修过程。

（一）理论提升

引导教师研读新课程标准、理论书籍和教材。在研修活动之前，区域在线上发布研修方案，包括研修主题及与主题相关的文本、课例、视频等资源，成员提前参与研究，针对研究做好文本记录，并发布至研修平台。提出对于主题研究产生的问题，如什么是真实的数学问题？为什么要在真实情境下解决数学问题？如何在真实情境下进行数学问题的解决？……

针对上述与主题相关的问题，以课例作为载体，通过研究主题的相关文献，确定本节课的学习目标：学生会用数学的眼光观察跑道中起跑线的位置，发现其与数学的联系，提出相应的数学问题并用数学的语言描述、刻画和表达起跑线问题；尝试分析、探究起跑线问题背后的数学逻辑，建立解决此类问题的模型结构，能够全面、深刻、灵活地解决生活中的相关问题；进一步提升几何直观、推理意识、应用和创新意识、运算能力等数学学科核心素养。

确立学习目标之后，进行教学预案的讨论与整合，确定1.0版教学方案。为了培养团队中每一位教师的参与意识，接下来采取信息化手段"挑人"的方式确定首轮教学实践教师，其他教师参与课堂教学改进与提升的全过程，连续几次教学实践中，每位教师都能成为研修活动的主体，每位教师都能获得不同程度的专业提升。

（二）课堂实践

课堂实践研究分为四个环节：教学设计—课堂实施（同步进行课堂观察）—反思改进—撰写案例。其中，课堂学习作为学校教育中主要的教学组织方式，是学生实现学科核心素养提升的重要途径。

1. 教学设计

"确定起跑线"属于"综合与实践"领域，知识点是圆的"概念"和"周长"，包含了图形的认识、测量、数据调查、计算、推理等多方面的数学知识与技能，具有较强的综合性。学习目标在于：培养学生用数学的眼光发现生活中的数学问题，学会应用所学的数学知识解决生活中的实际问题，进一步提高解决问题的能力。同时，让学生经历发现和提出问题、分析和解答问题的过程，积累相应的数学活动经验，体会数学抽象、数学推理等数学思想，发展数学思维能力。

2. 课堂实施

(1) 发现和提出问题。根据教材背景,在开课之初呈现一段北京奥运会 100 米和 400 米比赛的真实情境(见图 1),请学生观察、对比两项比赛,引导学生思考在比赛规则上有什么不同?学生通过关注起跑线的位置,进一步提出更多的数学问题。例如:是不是起跑线在前面的选手跑的路程更短些?比赛是公平的,每个人跑的路程应该同样长,那为什么起跑线不同呢?难道每条跑道的终点线也不同?

图 1　北京奥运会 100 米和 400 米比赛的真实情境

通过实地观察、测量,学生发现"每条跑道终点是相同的,但外圈和内圈的长度不同",因此得出"如果起跑线相同的话,外圈的同学跑的距离长,不公平。所以外圈跑道的起跑线位置应该向前移"的结论。在此认知基础上,很自然地提出本活动的核心问题:各条跑道的起跑线应相差多少米?——如何确定每条跑道的起跑线?也就是说,要确定第 2 至第 8 道选手的起跑线位置,必须要测量出哪些数据?学生的反馈为:需要知道直道的长度、弯道的直径或半径以及道宽。

从学生熟悉的生活现象中提出数学问题,引发学生对起跑线位置的思考,为课堂深入研究"如何确定起跑线的位置"打下了基础。

(2) 分析和解决问题。提出问题之后,各小组同学前往操场,对直道的长度、弯道的直径或半径以及道宽进行实测,学生了解到一个标准运动场环形跑道的结构以及各部分的数据,标准运动场中间是个矩形,两边分别是两个半圆。

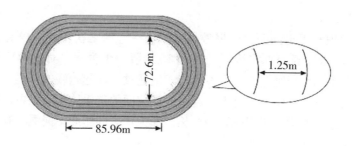

图 2　跑道

人教版六年级上册教材第 81 页第二幅图（图 2），呈现了小组同学测量有关数据的场景，运动场中间长方形的长是 85.96m，宽是 72.6m。跑道由一些平行线段和一些同心的半圆组成的。这些平行线段的长度是 85.96m，最内侧半圆的直径为 72.6m，越往外侧，半圆的直径越大，每条跑道宽度为 1.25m。短跑比赛时，不允许变更跑道，但在中长跑比赛中，选手过弯道时，一般会贴着跑道内侧跑，因为这样距离最短。

学生对已获得的数据进行整理，通过讨论明确以下信息：两个半圆形跑道合在一起就是一个圆；各条跑道直道长度相等；每圈跑道的长度等于两个半圆形合成的圆的周长加上两个直道的长度，因为直道长度相同，所以跑道长度的差，其实就是两个圆的周长差，不需要测量"弯道的直径或半径"，只要测量出"道宽"就可以了，然后用"道宽×2×π"进行计算。学生结合实际情境，发现和提出问题，把之前学过的知识关联起来，根据具体问题设计思路，制定方案。在解决实际问题中，能清晰地表达解决问题的思路，并能反思结果的合理性。

（3）发现和提出新的问题。问题解决不应止于某个具体问题，而应在此基础上引发进一步的思考。除了 400m 跑，200m 跑项目的起跑点如何确定？学生很快一致推出：差源于一个弯道，相邻两道的起跑点依次向前"道宽×π"。对于 800m 跑的起跑线，学生推理、迁移，认为是四个弯道的差，即"道宽×π×4"；但事实上，奥运会中的规则不是这样计算 800 米及以上的中长跑的，它们的起跑点怎么安排，原因又是什么？这些也可作为课后继续探索的材料。

（4）学习效果评价。回顾解决问题的过程，并让学生用自己的语言进行描述，通过提出问题引导学生进行反思：在今天的学习中，你是怎样使"确定起跑线"的问题得到解决的？请你结合今天的学习过程，说说今天的知识和方法还能解决哪些新问题？

（5）课堂观察。教师教学的理念、行为、策略直接影响到课堂学习的效果。通过课堂观察、采取一对一辅导、结对互助、专题培训等方式，引导教师对课堂进行全景式关注和全方位把握。

课堂观察采用线上和线下两种方式同时进行。线上借助"花都区智慧教研管理平台",引入人工智能观课议课系统,自动化采集与分析教育大数据的研究型教室,结合专家智慧和机器智慧,打造教师专业发展智慧型练功房,可以对本节课的全面互动、小组学习、多元评价、个人学习、全班测验、生本决策、科技互动的次数进行精确统计,协助教研团队更科学、更高效地进行议课与教研活动。

由于课堂教学的丰富性和复杂性,在线上自动化采集与分析数据的同时,在线下安排了四个维度的课堂观察。课堂观察借助量表进行量化评价,重点观察学生学习行为、教师给予学习行为的支持能力以及教师课堂管理情况和学生相应的反应。学生学习行为主要从学生课堂参与表达、互动、自主学习、专注度四个方面进行观察评价,教师课堂管理则从课堂环境、学生状态和教学行为三个方面进行评价,最后围绕教学效果来判断课堂实施的效果。量表的使用为教师观课及自我课堂评价提供了支持和观测点。通过对观察量表的各类数据的分析,了解各种教学行为是否有效,并通过典型案例分析找到教学行为改进的着力点。

为有效提升观察量表功能,采取了三种评测方式。一是教师进行自测,看教学设计的课堂实施情况、学生学习状态、教学策略是否有效激发了学生学习的主动性,进而反思改进教学设计;二是学科教研组互测,通过互观互评互鉴,实现智慧分享、取长补短,改进教学行为;三是区域专项研讨,汇总参与研修活动的所有教师对课堂的观察量表,进行项目指标统计,集中分析成功经验和存在的主要问题,研究改进策略。观察量表的课堂应用,一般采用"多人一点"的观察模式,分别对执教教师的课堂进行观察、评分,并根据量表的各项指标写出反馈。如表2所示。

表2 花都区小学数学课堂观察量表

执教教师:	执教课题:	所属片区:	学校及班级:
观察维度	观察内容		观察记录与分析
学习目标	行为主体是学生		
	行为过程与方式能够唤起学习兴趣		
	行为结果指向核心素养		
	行为表现清晰、具体、可检测		
	行为程度契合学生的认知水平		

续表

执教教师：		执教课题：	所属片区：	学校及班级：
资源使用	合理使用教材			
	创设真实情境			
	紧扣学习目标，结合教学内容，进行课程资源的挖掘和补充			
	使用信息技术			
学生 学习行为	表达	用自己的语言（口头、文字）有条理地解释、表达		
		能提出有价值的数学问题		
		回答具有自己的思想或创意		
	互动	开动脑筋，主动发言		
		相互合作、交流		
	自主学习	行为表现		
		参与人数		
	专注度	认真听讲人数及其主要行为		
		不听讲人数及其主要行为		
教师 课堂管理	课堂环境	有序和谐		
		良好合作		
	学生状态	对教师教学行为的回应		
		鼓励学生表达不同观点、讨论不同问题		
	教学行为	支持学生的个性化学习		
		为学生布置开放性问题		
总体评价				

课堂观察员：

年　月　日

3. 反思和改进

基于以上观测内容对本节课进行切片分析后，提出解决方案，进而形成基于真实问题的教师个人、科组和学校三个层级的研究课题，然后以课题为引领，进行有主题、有序列的研究，完成问题、主题、课堂、课题、成果再回到解决问题的完整闭环。以主题引领、课例研究为主要方法，观察、分析和研究课堂教学，促进教师将学习的理论转化为教学行为，培养教师用理论解决实际问题的能力，促进校本研修的有效开展。

4. 撰写案例

将研讨过程以案例的方式进行记录，可以在活动中提炼出有价值的亮点，也可为成果的推广提供直观载体，供后续学习与思考；另外，能让参与者进一步的反思，逐步形成深度开展主题式研修的策略。

三、总结提炼

最后，在上述研究的基础上，通过总结和提炼形成有效的教学措施，撰写研究成果报告、展示交流成果以形成辐射作用，完成校本研修的整个实施过程（见图3）。

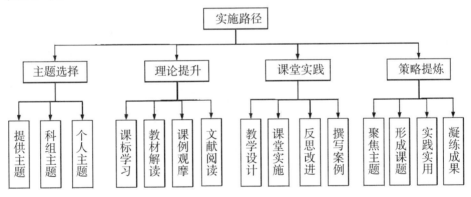

图3　校本研修的实施路径

四、结语

以区域研修为指导，以基地校为引领的小学数学主题式校本研修模式，在研究学生学习、改进教学方法、优化作业设计、基于真实问题的解决等方面发挥了指导作用。建设富有新时代特色的主题式研修文化，为区域内学校发展、教师专业成长以及学生学科核心素养提升做好专业引领与技术支撑。

参考文献:

[1] 弗赖登塔尔, 陈昌平. 作为教育任务的数学 [J]. 数学教学, 1995 (2): 40.

[2] 苏琴. 混合式学习环境下学生参与度的研究 [D]. 华中师范大学, 2015.

立德树人任务下模块（单元）整体教学设计策略
——以外研版七年级上册 Starter Module 1 和 Module 2 为例

高州市教师发展中心　赖心玲

一、引言

2001 年版《全日制义务教育普通高级中学英语课程标准（实验稿）》（以下简称《课程标准》）和 2011 年版课标，都以培养学生的综合语言运用能力为目标，强调了语言教育要在培养学生的语言知识和语言技能的同时，加强对学生文化意识、学习策略和情感态度价值观的培养。

从实践层面看，这一目标的确定使教师认识到自己不再只是教知识，而要在教授语言的过程中实现"育人"。因此，教师在教学中关注的不应该仅仅是词汇、语法这些基础的知识，而是要关注学生这个学习的主体，他们是有生命、有情感、有生活、有自己的想法和观点的人。

但是，在现实教学中，目前英语单元整体教学仍然存在一些问题：一是很多教师根本不懂什么是单元整体教学，只是按照每个模块中的每个单元进行教学，没有考虑单元知识整合，使得教学零碎化；二是教学理念上重"教"轻"育"，只是传授课本上的知识，在教学中关注的仅仅是词汇、语法这些基础知识，把教学窄化成传授知识的手段，只把学生看作是接受知识的容器，未能挖掘课本材料中的育人内涵进行育人；三是语篇整合中重"数量"轻"质量"，很多老师只是按照课文的顺序把所有的语篇全部讲解，没有梳理它们之间的关联性，也没有对这些语篇进行筛选或增减，采用有代表性、针对性的语篇进行整合。

本文从立德树人的角度，谈谈单元整体教学的设计策略。

二、立德树人的出处和意义

"立德"和"树人"的思想古已有之。春秋时期的《左传·襄公二十四年》有关于"身死而名不朽"的记载："太上有立德，其次有立功，其次有立言，虽久不废，此之谓不朽。"人达到不朽的方式有三种：最高层次是树立高尚的道德，即人生最高的目标是树立德行，以德服人，成为后世的榜样。其次是为国家和人民建立功业，为社会发展进步贡献自身的价值。再次是著书立说，为后世留下言论著作以丰富人类思想宝库。三国时期文学家李康《运命论》也有记载："若夫立德必须贵乎？则幽厉之为天子，不如仲尼之为陪臣也。"完整地体现了古人的人生理想和对道德的追求及对德育的重视，认为树立高尚的道德才能达到人生的最高境界。"树人"的思想出自《管子·全修》："一年之计，莫如树谷；十年之计，莫如树木；终身之计，莫如树人。"今天我们所弘扬的"十年树木，百年树人"，就是来源于此。可见"立德树人"的思想由来已久[1]。简而言之，立德，就是通过正面教育来引导人树立高尚的品德；树人，就是坚持以德育为先，以人为本，通过合适的教育来培养人才。"立德树人"即培养有品德的人才。

《课程标准》把英语学科核心素养界定为："学科核心素养是学科育人价值的集中体现，是学生通过学科学习而逐步形成的正确价值观念、必备品格和关键能力。"要实现立德树人的目标，就要在教学中发展学生的学科核心素养。英语学科的核心素养包括语言能力、思维品质、文化品格和学习能力四个维度。

语言能力是基础要素，文化品格是价值取向，思维品质是心智特征，学习能力是发展条件，四要素相互渗透，融合互动，协调发展，共同服务于英语课程总目标。

三、模块（单元）整体教学的内涵

单元整体教学是指教师基于课程标准，围绕特定主题，对教材等教学资源进行深入解读、分析、整合和重组后，结合学习主体的需求，搭建起的一个由单元大主题统领、各语篇次主题相互关联、逻辑清晰的完整教学单元[2]。单元整体教学是课堂教学的一种实施方法和技巧，在教学过程中，依托于形式多样的语篇，引领学生运用各种学习策略，学习语篇中所承载的语言知识和文化知识，深度思考、挖掘和分析语篇的内涵，用英语交流、探讨语篇的主题意义。通过这种方式，逐步发展学生的语言能力、文化品格、思维品质和学习能力，最终达到学科育人、知行合一的目的[3]。单元整体教学不是简单地将几节课放到一起、把知识间的逻辑关联起来，而要以学生的认知发展为基础，由几个相

---

[1] 程艳玲：《立德树人 育人有方》，载《青少年日记（教育教学研究）》2014年第6期，第85页。

[2] 王蔷、周密、蔡铭珂：《基于大观念的高中英语单元整体教学设计》，载《中小学外语教学》2021年第1期，第1-7页。

[3] 周诗杰：《基于学科核心素养的小学英语单元整体教学设计探究》，载《英语教师》2018年第15期，第156-159页。

互关联的子主题构成单元整体教学，强调整合性与整体性。

由于外研版教材主要以模块为单位来编排教学内容，因此本文将单元整体教学称为模块整体教学。外研版教材的每个模块都有一个主题，以"主题（Theme）—功能（Function）—结构（Structure）—技能（Skills）—世界文化知识（Around the world）—任务（Task）"为整体框架，在主题引领下，以交际功能和语言结构为主线，让学生在发展语言能力的过程中培养语言能力、思维品质、学习能力以及文化品格，最终达到立德树人的目的。

四、基于立德树人的模块整体教学设计策略

模块（单元）整体教学应基于明确的单元教学目标进行设计，以统领单元的教学活动和评价活动，力求对单元内容的主题进行组合，从而避免教学内容的碎片化。英语教师应站在整体的高度规划单元的教与学，让学生体会多样化的教学方式和学习方式，尽可能以较少时间和精力来达到最佳的效果，使英语课堂重点突出，安排合理，逻辑严谨，生成自然。在立德树人任务下，模块（单元）整体教学设计应该从教学背景、教材分析、学情分析、教学目标、教学内容、教学活动以及教学评价等七方面展开。

（一）强调课改的教学背景

当前，英语课程改革的主要方向是改变长期以来英语教师过分重视语法和词汇的机械式讲解与传授，强调英语课堂教学要"以生为本"，就是从学生的学习兴趣、生活经验和认知水平出发，倡导体验、实践、参与、合作、交流与探究的学习方式，发展学生的综合语言运用能力，促进学生形成积极情感、创新思维、实践精神和文化意识，培养学生良好的心理素质和思想道德品质。因此，英语课堂不仅仅是语言学习的课堂，还是支持学生全面发展的阵地。立德树人任务下的模块整体教学设计要秉持英语课堂改革的基本理念。

（二）遵循学生认知规律的教材分析

教材分析是英语教师进行模块（单元）整体教学设计的重要内容，它是确立模块（单元）教学目标、教学重点、教学难点以及教学环节和板书设计的前提和依据。教材分析关系到课堂教学的组织与实施，关系到教学目标的实现，更关系到教学效率和质量。教材分析的首要原则是遵循学生的认知规律。这就要求英语教师要从学生实际情况出发，灵活运用知识分析法、心理分析法、方法论分析法和结构分析法等，对模块（单元）的体系结构、地位作用、文字内容、语言表达等方面进行全面、深入的了解。

外研版七年级上册 Starter Module 1 My teacher and my friends 和 Module 2 My English lessons 是《英语》（新标准）的第一、第二模块，是学生在初中阶段接触英语的第一课，里面的语言知识都是小学阶段英语学习的提炼和总结，

旨在帮助学生巩固已有知识，为初中英语学习打下良好基础。Starter Module 1 的主题是"Introduce myself and others"，Module 2 的主题是"My English lessons"。这两个模块的话题都与学生个人信息及生活紧密联系，贴近学生，容易引起学生学习英语的兴趣。但这两个模块中的语言材料比较简单和零散，基于模块（单元）整体设计的原则，提炼出一个话题："Making friends"，以这个话题为主线，将 Starter Module 1 和 Module 2 里面的六个单元整合为一个模块，分四个课时完成。其主题语境为"人与自我"和"人与社会"，主题意义是引导学生在新的环境里肯定自我、主动交朋友、热爱学校生活。

（三）切合实际的学情分析

"学情分析"，通常也称为"教学对象分析"或"学生分析"。学情分析的主要内容，应包括学生的起点能力分析（本班学生学习英语的知识起点、能力起点与态度起点），一般特点分析（指学生的年龄特征与学习英语的共同特点），学生学习风格（也称认知倾向）分析。

刚上初一的学生经过小学的英语学习，对字母、数字与一些简单的日常问候语有了一定的了解，并能进行简单的问答。他们这个年龄大都性格活泼、好动，喜欢新鲜事物，喜欢直观性思维，对游戏、画画、测试等活动特别感兴趣。但是也存在一些问题，如在英语基础知识和技能方面，部分学生对于字母、单词和句子的书写不规范；在语音方面不能按音节进行拼读和记忆单词；对于部分数字的音、形、义不能快速匹配以及正确使用；此外，大部分学生在一定语境中语言综合表达能力薄弱。在情感价值观方面，易喜易悲，性格不稳定，未形成完整的人生观、价值观和世界观。

（四）体现立德树人的教学目标

党的十八大报告首次将"立德树人"确立为教育的根本任务，党的十九大报告进一步指出，要"落实立德树人根本任务""培养德智体美全面发展的社会主义建设者和接班人"。"立德"，就是要坚持以育人为本、德育为先。"树人"，就是要让学生有报效祖国、服务社会、成就人生的能力。英语学科教学就是要在立德树人的根本任务下，使学生通过英语学科学习而逐步形成参与建设社会主义现代化强国以及构建人类命运共同体所必需的正确价值观念、必备品格和关键能力，培养有中国情怀、国际视野和跨文化沟通能力的社会主义建设者和接班人。因此，每个模块的教学目标在体现英语立德树人的前提下，总体目标应具有整体性，能够全面囊括每个课时的教学目标，而每个课时的具体目标需要具体反映总体目标，要有递进性、精准性以及可检测性，做到你中有我，我中有你。

外研版七年级上册 Starter Module 1 "My teacher and my friends" 和 Module 2 "My English lessons" 两个模块的主要教学目标是让学生掌握简单的日常问候

语，了解自我介绍和介绍他人相关的内容。在整体教学设计中，以"Making friends"为主线，根据英语学科素养，从四个方面来展示这一模块的教学目标。具体教学目标如下所示。

教学内容：Making Friends

【第一课时】学习结束时，学生能够：

（1）正确认读、听写26个大小写字母；

（2）规范书写字母、单词及句子；

（3）运用一些最常用的日常套语（如问候、告别、致谢、致歉等）；

（4）在听、说、用等活动中正确使用数字1—20；

（5）正确读出五个元音字母在单词中的基本读音，划分音节，并根据拼读规律，读出简单的英文名，能根据音节记忆单词；

（6）询问他人信息以及就个人和朋友的情况进行简短对话和介绍。

语言能力：学生通过听、说、读、写等活动掌握字母、数字、名字以及日常问候语、与个人信息相关的句型，并能用英语介绍自己、结识和介绍新朋友。

学习能力：运用观察、对比的方法学习数字、书写和拼读新单词，学会提取关键数字信息的策略，并能根据已有的知识，帮助自己学习新的知识。

思维品质：通过多样性的练习，培养了学生英语思维的敏捷性、逻辑性，并能学以致用。

文化品格：通过让学生学习表达与书写，了解并尊重中英文化的差异，促进学生的全面发展。

【第二课时】学习结束时，学生能够：

（1）在听、说、读、写活动中正确运用英文数字1—20；

（2）正确用英语就个人情况进行介绍以及询问他人的班别、年龄、电话号码等信息；

（3）在四线三格上规范书写英文单词。

语言能力：学生能够用英语进行简单的自我介绍并与他人进行简短对话。

学习能力：学生在听力活动中掌握提取关键数字信息的策略；运用观察、对比学习以"teen"结尾的数词的拼写特点。

思维品质：提供多样性练习，让学生在练习中学会观察归纳，创设快速读数、计算等活动，培养学生英语思维的敏捷性。

文化品格：通过学习班别的表达及书写，认识、了解并尊重相关中英文化差异，促进学生的全面发展。

【第三课时】学习结束时，学生能够：

（1）通过观察、对比与中文名字读音相似的英文名字，了解单词的拼读方式；

（2）通过观察归纳和拼读训练，能正确读出元音字母"a、e、i、o、u"在单词中的常见发音；

（3）能正确划分双音节和多音节词的音节，根据"辅音＋元音"的拼读方式拼读同班同学的英文名，然后进行介绍；

（4）通过观察、练习，能规范书写英文句子。

语言能力：学生能正确拼读英文名，并且介绍自己及其他同学的英文名。

学习能力：学生能利用已有的知识迁移，帮助自己学习新的知识。

思维品质：培养学生的观察、归纳，大胆使用新知识的能力。

文化品格：了解中英文名字的差异及取英文名的相关常识，感知英语书写与汉语书写的审美内涵。

【第四课时】学习结束时，学生能够：

（1）口头熟练地运用个人信息卡的内容与日常套语等打招呼、问候、介绍自己与他人；

（2）通过交谈，获取他人的个人信息；

（3）敢于用英语交谈，乐于交朋友，拓展自己的朋友圈。

语言能力：标准地读出自己、他人的名字；掌握和运用所学知识介绍自己和他人。

学习能力：通过听力活动，掌握提取关键信息的能力；掌握问候、介绍自己、询问他人个人信息的交际能力。

思维品质：以小组学习、英语角交友的形式开展团队活动，培养学生的团队意识；从个人介绍迁移到介绍他人来培养学生的学习灵活性和迁移能力；整合前面三个课时所学知识进行综合输出，培养学生的总结归纳能力。

文化品格：通过英语角活动的形式为学生创造情景，让学生感受中西交友文化差异，让学生敢于说英语、敢于用英语交友，让学生学会肯定自己，欣赏他人，能够与朋友友好相处，积极向上，树立正确的交友观，让他们爱上英语、爱上初中生活。

为了实现这一目标，我们设计了四个课时，前三个课时的目标分别为学生能够掌握介绍自己和获取他人与中文名字、数字、英文名等信息的语言能力，最后一个课时的教学目标为学生能够综合运用前三个课时所学的知识和技能在英语角与他人交流。

（五）整合六要素的教学内容

《课程标准》指出，英语课程内容是发展学生英语学科核心素养的基础，它包含主题语境、语篇类型、语言知识、文化知识、语言技能和学习策略等六个要素。所以，立德树人任务下的模块（单元）整体教学设计要以主题为引领,以语篇为依托,整合语言知识、文化知识、语言技能和学习策略。教师在进行教学设计时,应该把对主题意义的探究视为教与学的核心任务,并以此整合学习内容,促进学生语言能力、文化品格、思维品质和学习能力的融合发展。

外研版初一上册 Starter Module 1 "My teacher and my friends" 和 Module 2 "My English lessons" 两个模块的整体教学设计的主题为人与自我和人与社会,模块话题为"Making friends",通过给学生创造交朋友的情境语境让学生在对话交流中掌握自我介绍和介绍他人的知识和能力,感受中西方交友的文化差异,最终让学生能够肯定自我,主动交友,热爱学校生活。

"单元整体教学的整合性体现在分课时教学内容的选择上,在'一切为单元整体目标服务'的前提下,教师不必一定要按照板块的原有顺序进行课时内容的选择,而是可以灵活地根据单元各板块内容的特点进行有机地组合,以获得教学效果的最大化。"① 教师可根据教学目标对原模块内容进行增删改调。将外研版初一上册 Starter Module 1 "My teacher and my friends" 和 Module 2 "My English lessons" 两个模块作为预备篇,主要是为了让学生从小学英语顺利过渡到初中英语,两个模块的内容较为简单,篇章对话都是学生小学所学习过的内容。在整体教学设计过程中,考虑到大部分学生英文书写不够规范,音标不过关,所以教师们恰当地插入相关的内容。比如在"Making friends"这一话题的引领下,借助原文中的"How do you spell it?"来规范学生26个字母的读音和书写,同时获取身边同学和老师们的名字信息;让学生通过学习元音和辅音,互相拼读同学和老师的名字,掌握音节拼读技巧和一些元音因素。其中,把第二模块里学到的数字0—20,通过谈论年龄、班级、电话号码等巧妙地融合到第一模块。融合两个模块的内容,让学生的学习更加自然和有条理。

(六) 合理、有效的教学活动

当前,英语课堂教学依然存在"教师教得辛苦,学生学得痛苦"的问题,教学活动设计模式化、表层化、碎片化。教师往往不管文体、语篇特点和课程类型,统一按照一种模式教学。在设计教学过程中,教师应该根据教学内容和学生现状设计合理、有效的教学活动,让学生真正成为课堂的主体,让学生在活动中掌握相关内容,在学习活动中培养兴趣,因兴趣而学习,而不是机械地、被动地学习。在外研版初一上册 Starter Module 1 "My teacher and my friends" 和 Module 2 "My English lessons" 两个模块的整体教学设计中,我们设计了多模态的教学活动,比如听字母歌规范字母读音,看视频学习字母书

---

① 杨玲:《基于英语学科核心素养的单元整体教学设计》,载《中国教师》2018年第12期,第60–64页。

写，拍视频口头训练目标语言，看手势说数字，计算数学题，通过学习名字掌握五个元音字母的常规发音，通过三个课时逐步完成一张包含个人和朋友个人信息的卡片，最后一个课时利用这一卡片介绍自己和介绍他人等活动。这些活动依据教学目标和内容，结合初一学生性格活泼的特点及具体思维方式等进行设计，能够在主题的引领下，结合语篇结构，发展学生各方面的能力和知识。

（七）科学、多样、有效的教学评价

课堂教学评价是英语课程不可或缺的部分，构建科学、多样、可行的课堂教学评价体系是实现教学目标的重要保障。科学、多样、可行的评价，不但能够让学生在英语学科的学习过程中不断体验进步与成功，促进学生综合运用英语能力的全面发展，还能够让教师及时获取教学的反馈信息，对自己的教学行为进行反思和调整，提高课堂教学效率和质量。课堂教学评价要体现多样性，他评和自评、互评和教师评，终结性评价和形成性评价相结合。对学生的评价不仅要评价学生对学习内容的掌握程度，而且应关注学生课堂上的学习态度和行为。比如让学生相互评选书写之星。在课堂反思环节，让学生对本节课的学习态度进行打分，如"我在本节课能够积极地大声朗读；我在本节课能够认真参与小组讨论"等。与此同时，也要注重评价的可行性，只有当课堂评价的方法和活动可行、可操作，所给评价才能发挥效果，比如在学生自我反思环节中，教师可以根据教学目标和教学内容列出学生应该掌握的内容，使学生能够自己判断是否已掌握，或者简单挖空，让学生自己填写。

五、结束语

立德树人作为教育的根本任务，是每一位从事英语教学的工作者都应该努力达成的目标。提高学生的英语学科核心素养作为英语课程改革的重要部分，要求英语教学从业者在强化教学能力的同时应注重理论知识的学习，才能更好地提高英语教学质量，完善英语单元整体教学设计，全面推进英语核心素养教育，真正实现教书育人。

参考文献：

[1] 中华人民共和国教育部. 普通高中英语课程标准（2017年版）[M]. 北京：人民教育出版社，2018.

[2] 韩炳华. 行力知进 知深行达：学科核心素养观照下的英语"好课"探讨[J]. 江苏教育，2019（27）：11–15.

PBL 理念下的小学科学教师培训模式设计与实践研究

广州市海珠区教育发展研究院　许广玲[①]

小学科学教育是提升全民科学素质、建设创新型国家的基础。为进一步加强小学科学教育，教育部组织专家对小学科学课程标准进行了修订完善，并于 2017 年 1 月正式发布了《义务教育小学科学课程标准》(2017 版)。新的《义务教育小学科学课程标准》确立了"培养学生的科学素养，并为他们继续学习、成为合格公民和终身发展奠定良好基础"的小学科学课程总目标。如何有效地达成这一培养目标，是科学教育工作者面临的重大课题。新课标对小学科学教师的教学能力、科学素养都提出了新的要求。

一、问题提出

近几年，作者所在区域公开招聘了较多的科学教师，青年教师数量明显增加，根据 2019 年该区域共 103 人参与的小学科学教师调查结果显示，有 14.6% 的教师在 25 周岁以下，且多具有与科学教育相关的专业背景，科学教师专职率有所提高。但与此同时，笔者在近三年的视导调研中发现，区域内的小学科学教师在教学方面还存在诸多问题，具体如下。

青年教师存在的问题有：存在明显的学科知识短板，教学中会出现知识性错误；教学设计不规范；实验操作能力较弱，演示实验操作不规范；课堂秩序较为混乱，课堂教学的组织能力有待提高；教学时偏重讲授，学生没能在探究活动中学习。

经验型教师存在的问题有：课堂组织能力较强，对教材有一定的重构能力，擅长设计制作实验教具等，但存在的显著问题是信息技术能力水平较低，表现为不能熟练利用电教设备、电子课件、微课等信息技术协助开展教学。

随着 2017 版《义务教育小学科学课程标准》的出台，青年教师和经验型教师存在的共性问题是所掌握的教学经验与新的课标要求难以融合，如在进行教学设计时，不会基于 2017 版《义务教育小学科学课程标准》制定教学目标，设计的探究实验活动结构性不强，不能为学生搭建有效的支架等。同时，

[①] 许广玲（1976—），女，蒙古族，广东省广州市，高级教师，本科。从事小学科学（自然）教学 23 年，2017 年选拔到广州市海珠区教育发展研究院担任科学教研员。

如图1所示,在调查中发现有50%的专职老师认为"地球与宇宙科学领域"的教学最难把握。

作者对区域内科学学科教学的实际情况和教师的特点进行了综合调研,发现该区域小学科学教师在地球与宇宙科学领域的教学能力急需通过持续的培训进行提升。

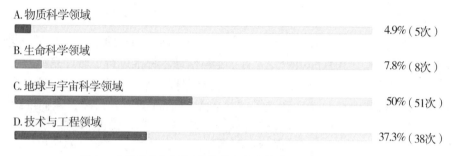

图1　小学科学不同领域教学内容实施难度调查结果统计

分析其中的原因,小学科学的教学内容涵盖物理、化学、生物、地理等多个学科,而区域内的小学科学教师大多是分科培养的,且以生物、物理学科背景居多,地理及化学学科背景的教师极少。分科培养导致了教师的学科知识偏重于某一学科,在教学中,涉及非其所学专业学科的知识就容易出现知识性错误,其中,对应地理学科的"地球与宇宙科学领域"出现知识性错误的频次较高。

此外,本区域内的多数小学仅有一名专职科学教师,专职科学教师在其校内教学教研时经常处于"孤身一人"的状态,各学校专职科学教师之间缺乏相互交流、相互学习、相互评价的常态教研,不容易形成科学教师群体学习氛围带,教师积极主动进行自我提升的意识较弱。

在这样的现状之下,区域教研平台成为了科学教师进行专业交流、提升专业能力的主要平台。区域教研平台原有的科学教师培训通常以两种形式开展。一是面向全区科学教师的培训讲座,二是面向青年科学教师的"师徒结对"活动。培训讲座面向的教师数量较多,很难对不同教龄段的教师进行有针对性的培训,同时参训教师常处于被动接受的状态,培训实效不明显。"师徒结对"活动针对性较强,但存在培养时间较长和培养不全面的问题。担任"师父"的一般是区域内的骨干教师,他们往往在科学教学的某一方面有专长,如有的教师擅长探究活动的设计,有的教师擅长实验材料的设计,有的教师擅长微课制作,还有的教师擅长教具、学具的改良。在"师父带徒弟"的模式下,青年教师往往只能在其"师父"所专长的方向获得成长,专业发展有一定局限。

综合以上的分析可知,诸多因素造成了小学科学教师在地球与宇宙科学领域的教学能力水平不高的现状。面对本区域内小学科学教师存在的问题及培训现状,我们亟须探索新的培训模式,让参加培训的教师在主动建构的过程中系统、高效地提升教学能力。

二、小学科学教师培训的国内外研究现状

国外关于小学科学教师培训的研究已开展多年,美国、英国、法国、日本等发达国家均已建立了较完善的科学教师职后培训体系。如英国伦敦科学学习中心,为科学教师提供内容丰富,时间、形式灵活多样的课程,科学教师可以根据自身需求选修课程,从而有效地提高科学教师的教学能力。法国在全国各学区设立统一、专门化的大学层次教师教育机构——教师培训学院,推行职前培养与职后培训一体化的教师教育模式。发达国家的科学教师职后培训模式有许多值得借鉴之处,但由于国情不同,国内外教师职后培训所涉及的机构、学校、教师等层面都存在较大差异,因此可参考的内容有限。

国内对于小学科学教师培训的研究还处于探索阶段,目前国内对小学科学教师培训的研究主要集中于两个方向——培训需求的调查分析与培训模式的研究。有学者根据教师在培训中角色定位的不同,将小学科学教师的培训模式分为导师指导、"参与—分享"、"问题探究"和"现场诊断"这四类模式,并具体阐述了四类模式的特点,现将其归纳如下(见表1)。

表1 小学科学教师培训四类模式特点分析

模式名称	具体内涵	优点	局限性
导师指导	由一位或几位具有丰富教育教学经验的教师负责对青年教师进行培训,促使其将教育理论、学科知识与教育教学经验结合起来	能较快地使青年教师的教育教学能力得到提高	导师知识与能力方面的局限性会影响青年教师的成长;导师与青年教师是否在同一所学校对培训效果影响较大
"参与—分享"	通过创设特定情境,引导参与者在活动、表现和体验中反思自己的经验与观点,在交流和分享中学习他人的长处,产生新的思想和新的认识,从而实现自我提高	参训教师从"被动的接受者"变成"主动的创造者"	仅适用于小规模的培训;对培训者综合素质要求较高;要求参训教师有开放的心态和主动参与的意识

续表

模式名称	具体内涵	优点	局限性
"问题探究"	以解决问题为中心，参训教师在培训者的指导下，自己发现问题、探究问题，进而提出解决问题的方案	参训教师是积极的"探究者"；以问题为导向，培训的目的性强	缺乏系统性，有一定的时间周期
"现场诊断"	教研人员、培训者与任课教师合作，有目的地对课堂教学过程进行严谨的、理性的观察和面对面的分析讨论，并提出改进策略	任课教师可以得到面对面的、全方位的深度指导	培训效率较低，缺乏评价标准

对参加培训的教师而言，"学—教—展"模式和"理论学习—技能训练—实践体验—课题研究—评价反思"模式属于接受式的培训模式，参加培训的教师是否有强烈的自我提升意愿，会直接影响培训的效果；研训一体培训模式和探究—对话式培训模式则属于探究式的培训模式，教师成为了积极的探究者，但这两种模式中，探究的主题是教学中某个具体的问题，因此对教师教学能力的培训维度相对单一，缺乏系统性。

综上所述，关于小学科学教师的培训，现有研究中，"学—教—展"模式和"理论学习—技能训练—实践体验—课题研究—评价反思"模式能对教师进行较为系统的培训，但主要依靠传授的方式；研训一体培训模式和探究—对话式培训模式能促使教师进行积极的学习，但系统性不够。

三、PBL 理念应用于小学科学教师培训模式设计与实施的理论基础

如何让参加培训的教师在主动建构的过程中提升教学能力呢？本文拟通过将 PBL 模式引入教师的培训来解决这个问题。

PBL 是项目式学习（Project-based Learning）的缩写，是一套系统的教学方法，它是对复杂、真实问题的探究过程，也是精心设计项目作品、规划和实施项目任务的过程，在这个过程中，学习者能够掌握所需的知识和技能。

美国著名教育家克伯屈于 1918 年首次提出项目式学习的概念，"PBL"正式进入教育学界视野。欧美国家在 PBL 理论研究方面取得了十分显著的成果，PBL 理念被广泛应用在课堂教学中，学生学习积极性高且能在完成项目的过程中建构系统的知识体系。受此启发，我们尝试将 PBL 理念引入小学科学教师

培训领域。

国外关于 PBL 已有较多的研究，但将 PBL 应用于教师培训的研究非常少。目前虽未见将 PBL 应用于小学科学教师培训领域，但相关研究表明，通过参与基于 PBL 的培训，教师的学术知识、专业知识和应用知识都有显著提高。国内已有大量关于 PBL 的研究，内容涉及多个领域，但具体到教师培训领域，已有的研究较少，暂无将 PBL 引入科学教师培训的先例。已有的研究中，龙丽嫦尝试将 PBL 应用于创客教师培训[1]，郝超君则将 PBL 应用于 PBL 教师的培训[2]，研究结果均显示，将 PBL 应用于教师培训可以有效提升培训的效果。

四、PBL 理念下的小学科学教师培训模式设计与实施

作者作为区域的小学科学教研员，尝试以区域的青年教师联盟为平台，设计并实施 PBL 理念下的小学科学教师培训模式。这一模式包含三个主体，分别为教研员、导师（骨干教师）和学员（青年教师）。教研员为培训框架的总构建者，负责为学员设计合适的驱动任务，同时组织构建导师团，指导导师团中的骨干教师发挥自身特长，开发有针对性的培训课程。其中，面向学员的具体驱动任务之一是开发小学科学"地球与宇宙科学领域"微课程，"微课程"以《义务教育小学科学课程标准》中"地球与宇宙科学领域"相关核心概念为课程目标，结合小学科学教材中相关教学内容进行开发，包含完整的课程要素的微型课程，主要呈现形式为一系列内容精致的教学视频。学员教师在小组合作进行"地球与宇宙科学领域"微课程开发的过程中，必然会面临教学认识能力与教学操作能力等方面的挑战，教师只有主动学习，提升自身教学能力，才能完成微课程的开发。参加培训的教师合作完成"地球与宇宙科学领域"微课程的开发这一具体的 PBL 项目的过程，也是他们提升自己"地球与宇宙科学领域"教学能力的过程。

导师团面向全体学员实施自主开发的培训课程，内容涵盖小学科学教师教学的各方面，帮助学员获得教学能力的综合提升。导师开发、实施培训课程的过程中，将自身的教学经验转化为专业的、成体系的小型课程，获得自身的专业化成长。

学员为区域内 6 年以下教龄的青年教师，以小组合作的形式完成具体的项目任务，在完成项目的过程中发现问题，在解决问题的过程中主动学习。在

---

[1] 龙丽嫦：《基于项目学习的创客教师培训设计与实施》，载《教育信息技术》2017 年第 5 期，第 31 – 35 页。

[2] 郝超君：《基于项目学习的教师培训模式探究：以 UNESCO PBL 培训为例》，载《广州广播电视大学学报》2011 年第 5 期，第 52 – 57 页。

PBL 理念下，学员学习的对象既可以是导师，也可以是教研员，还可以是其他学员，这种多层次的学习有利于学员教学技能的高效提升。

与传统的"讲座+师徒结对"的培训模式相比，新模式下，三个主体之间的交互关系得到了加强（见图2），为处于每个专业发展阶段的小学科学教师，提供了在自身基础上进一步发展的平台。

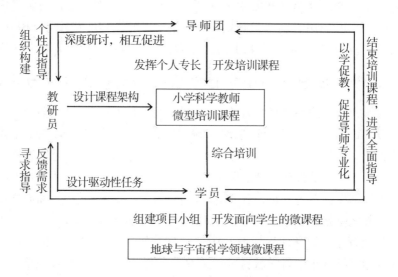

图 2　PBL 理念下的小学科学教师培训模式

PBL 理念下的小学科学教师培训模式，经过第一阶段的实施已初见成效，参加培训的青年教师中，有 6 位获得市级青年教师教学技能大赛初赛一等奖，还有 7 位教师共 9 节优质课例入选市级共享课堂，而在其他区域，共享课堂的课例基本都出自骨干教师。在不到一年的时间里，这些 6 年以内教龄的青年科学教师从刚刚能够熟练开展课堂教学的教师快速成长为初步具备骨干教师教学水平的专业型教师，得益于新的培训模式。

五、结语

我们以 PBL 理念为指导设计实施的小学科学教师培训模式，是有别于传统科学教师培训模式的尝试。该培训模式下的三个主体（教研员、导师、学员）的共同成长，让我们看到了这种尝试的价值所在。在今后的研究和实践中，我们将进一步学习教师培训专业理论，深挖小学科学教师的教学技能发展点，开发更多有针对性的培训课程，不断完善 PBL 理念下的小学科学教师培训模式。